● 2022年度江苏省创新支撑计划软科学研究（BR2022053）
● 中央高校基本科研业务专项（B220207035和210207018）

中国绿色经济效率的测度与提升对策研究

任阳军　田　泽●著

河海大学出版社
HOHAI UNIVERSITY PRESS
·南京·

图书在版编目(CIP)数据

中国绿色经济效率的测度与提升对策研究 / 任阳军，田泽著. -- 南京 : 河海大学出版社，2022.10

ISBN 978-7-5630-7711-3

Ⅰ. ①中… Ⅱ. ①任… ②田… Ⅲ. ①绿色经济—经济效率—研究—中国 Ⅳ. ①F124.5

中国版本图书馆 CIP 数据核字(2022)第 163503 号

书　　名	中国绿色经济效率的测度与提升对策研究 ZHONGGUO LÜSE JINGJI XIAOLÜ DE CEDU YU TISHENG DUICE YANJIU
书　　号	ISBN 978-7-5630-7711-3
责任编辑	蒋艳红
特约校对	陆　涛
封面设计	张世立
出版发行	河海大学出版社
地　　址	南京市西康路 1 号(邮编:210098)
电　　话	(025)83737852(总编室)　(025)83722833(营销部)
经　　销	江苏省新华发行集团有限公司
排　　版	南京布克文化发展有限公司
印　　刷	广东虎彩云印刷有限公司
开　　本	700 毫米×1000 毫米　1/16
印　　张	10.875
字　　数	207 千字
版　　次	2022 年 10 月第 1 版
印　　次	2022 年 10 月第 1 次印刷
定　　价	80.00 元

序言

绿色经济效率是提升绿色生产力,促进绿色经济发展的关键所在。长期以来,"绿色经济效率"问题,既是关系我国经济实现可持续发展的"硬核",也是学术界关注并开展研究的热点问题。河海大学任阳军博士后和田泽教授穷数年之功,致力于这一重要学术问题的研究,旨在探究我国绿色经济发展的效率评价及主要影响因素,探索绿色经济效率的提升空间。因此,所形成的《中国绿色经济效率的测度与提升对策研究》这一成果,不仅具有重要的学术价值,还对完善绿色发展制度,推进绿色经济创新发展具有重要实践意义。

我国十分重视政府引导对于经济发展的推进作用。但地方政府之间的不良乃至过度竞争,也在一定程度上加剧了经济发展方式的不可持续性,甚至影响了经济的高质量发展。生态文明制度的确立,为全面实现绿色发展奠定了坚实的基础。尤其是进入新时代,中国迫切需要提升绿色经济效率,坚定不移地走绿色发展道路。由此,如何在未来较长一段时期内保持经济稳定增长的同时,实现环境质量的改善和资源的可持续利用,已成为我国经济社会发展的重要战略安排和艰巨挑战。而将经济增长、资源消耗和环境污染等诸多因素纳入经济效率核算框架,从而得到绿色经济效率是生产率研究的重要进展之一。绿色经济发展的关键在于提升绿色经济效率,也就是提高经济增长的质量。

首先,本书从绿色经济效率内涵的界定开始,分析了绿色经济效率的相关理论。进而,测算了中国省域传统经济效率值和绿色经济效率值,从时间和空间维度评估了传统经济效率和绿色经济效率。

其次,对比并分析了中国传统全要素生产率和绿色全要素生产率,通过对我国省域绿色经济效率所开展的全局和局部空间自相关分析,筛选出影响绿色经济效率的主要因素,构建了空间计量模型,揭示了中国绿色经济效率的空间溢出效应,以及各影响因素对绿色经济效率的直接效应和空间溢出效应。

再次,提出了提升中国绿色经济效率水平的对策建议。主要是:转变经济发展方式、加强区域合作与交流、加快产业结构调整、优化能源消费结构、提高外资引进水平、提升区域科技水平、建立健全城市绿色经济发展体系、促进生产性服务业良性集聚。

最后,该著作还分别以江苏省和常州市为例开展专题研究,从而为在省域及地级市层次开展绿色经济效率评价提供了借鉴与参考。省域案例研究结果,系统分析了生产性服务业集聚对绿色经济效率的作用机理,发现了生产性服务业不同集聚模式对绿色经济效率的直接影响以及空间溢出效应,探讨了集聚空间效应的区域分异和层级差异。

本书对于中国绿色经济效率评价指标体系的构建、测度方法的选取、影响因素的识别以及对策建议等均进行了深入研究,拓展了绿色经济效率研究的视野和深度。所取得的研究成果,对于助力"双碳"战略目标的实施决策,也具有重要的理论意义和现实价值。需要指出的是,绿色经济发展的不同阶段,其效率具有不同的表征,因此,还期待作者开展持续性研究,不断丰富绿色经济效率研究的内涵,为讲好美丽中国故事作出更多理论贡献和提供更多案例支撑。

黄贤金
2022 年 3 月
(长江学者,南京大学地理与海洋科学学院)

前言

党的十九大报告明确指出，中国经济已由高速增长阶段转向高质量发展阶段，亟需转变发展方式、优化经济结构和转换增长动力。经济高质量发展作为我国整体高质量发展的重要组成部分，直接关系到我国高质量发展全局，是适应我国社会主要矛盾变化、全面建成小康社会和全面建设社会主义现代化国家的必然要求。而绿色发展是经济高质量发展的基本要求。绿色发展的核心要义是实现人与自然和谐共生，重点解决生态环境和经济发展的协调问题。同时，绿色发展也是经济高质量发展的重要目标和必由之路。但是，改革开放以来，中国经济增长动力主要来源于资源密集型的重工业发展及大规模的基础设施建设，这种以牺牲资源和环境为代价的粗放型发展模式在给我国带来经济成就的同时，令我国付出巨大的资源和环境代价，使得环境保护、资源节约与经济增长间的矛盾不断恶化。为此，中国必须摒弃高污染、高能耗、低效率的经济发展模式，坚持走有中国特色的绿色经济发展之路。目前区域绿色经济效率研究已成为学术界关注的热点问题，国内外学者从不同视角开展针对性的研究，但尚未形成完全一致的结论。鉴于此，本书在借鉴相关理论的基础上，采用前沿的效率评价模型对我国绿色经济效率进行测度分析，并将空间因素引入绿色经济效率的研究框架中，探析中国绿色经济效率的主要影响因素及其空间溢出效应，以期为中国未来的绿色经济发展提供科学借鉴。

本书共 8 章及两个专题研究。第 1 章是绪论，包括本书的研究背景和研究意义，国内外相关研究文献的梳理，以及研究内容、方法和创新点的提出。第 2 章是内涵界定与理论基础，包括对效率、绿色经济与绿色经济效率的内涵界定，相关理论基础。第 3 章是中国环境污染综合水平分析，包括环境污染综合水平测算方法的构建，我国各省份环境污染综合指数的测算，以及环境污染综合指数区域差异的分析。第 4 章是中国绿色经济效率分析，包括绿色经济效率评价指标体系的构建，30 个样本省份历年绿色经济效率和传统经济效率的测算，以及 30 个样本省份绿色经济效率与环境污染情况在地理空间上的分布格局分析。第 5 章是中国绿色全要素生产率分析，包括中国绿色全要素生产率指数及其分解指数的测算，以及与传统全要素生产率指数及其分解指数的对比分析。第 6 章是中国绿色经济效率的空间相关性检验，包括我国省域绿色经济效率的全局和局部空间自相关分析。第 7 章是中国绿色经济效率的空间溢出效应研究，包括中国绿色经济效率的空间自相关检验，中国绿色经济效率空间溢出效应的分析，以及各影响因素的直接效应和空间溢出效应。第 8 章是结论与建议，包括本书研究结论的总结，以及提升中国绿色经济效率水平的对策建议。专题研究 1 是中国城市绿色经济效率评价研究——以常州市为例，包括常州能源利用和环境污染排放的现状分析，常州历年的绿色经济效率测算分析，常州绿色经济效率的冗余度分析，以及提升常州绿色经济效率的对策建议。专题研究 2 是生产性服务业集聚对绿色经济效率的影响研究——以江苏省为例，包括生产性服务业集聚对绿色经济效率作用机理的系统分析，江苏城市生产性服务业集聚水平和绿色经济效率水平的测度分析，江苏生产性服务业不同集聚模式对绿色经济效率的直接影响和空间溢出效应分析，集聚空间效应的区域分异和层级差异分析，以及促进江苏生产性服务业集聚良性发展的对策建议。

我国已从工业文明转变为生态文明，生态文明转变为绿色经济，而绿色经济是经济高质量发展最重要的一条主线。当前，我国高度重视经济发展与生态环境的不平衡问题，通过绿色经济发展来解决这种不平衡问题将是实现经济高质量发展的必由之路。而推动经济绿色发展是一项系统工程，还有许多亟待解决的难题和攻关课题，希望本书的出版能够为中国绿色经济发展贡献一份力量。

任阳军

2022 年 2 月于常州

目录

第 1 章

绪论①

1.1 研究背景

长期以来，中国的经济增长动力在很大程度上取决于政府主导的大规模投资和大量要素投入，这种以牺牲资源环境为代价的粗放型发展模式在为我国带来巨大经济成就的同时，造成的资源短缺和环境污染问题日益严峻，已不再适应未来经济持续健康发展和全面建设社会主义现代化国家的现实需求[1]。十九大报告明确指出，我国经济已由高速增长阶段转向高质量发展阶段，要推动中国经济发展质量变革、效率变革、动力变革[2]。因此，经济高质量发展为今后我国经济发展指明了方向、明确了任务，是对我国经济发展阶段变化和现在所处关口作出的重要判断。高质量发展，是能够满足人民日益增长的美好生活需要的发展，是能够体现“创新、协调、绿色、开放、共享”的新发展理念的发展[3]。高质量发展包含宏观和微观两个层面，宏观层面表现为经济高质量发展，微观层面表现为企业高质量发展。其中，经济高质量发展的内涵十分丰富，包含了收入分配、经济循环以及资源共享等多方面的内容，但是目前没有形成明确的定义。而绿色发展是经济高质量发展的基本要求。绿色发展的核心要义是实现人与自然和谐共生，正确处理经济增长与生态环境保护的关系，绝不能以牺牲自然生态环境为代价来换取短期的收益。同时，绿色发展是高质量发展的重要目标和必由之路。高质量发展是追求全面发展目标的发展。在社会发展的终极追求上，我们要实现物质文明、政治文明、精神文明、社会文明、生态文明的全面发展。

随着世界工业化进程的不断加快，人类社会经济取得了飞跃发展，创造出巨大的物质和精神财富。人们在不断积累社会财富的同时，也造成了世界范围内

① 本书所统计的中国 30 个省份的相关数据均未包括香港特别行政区、澳门特别行政区、台湾地区及西藏自治区的数据。

的能源耗竭、环境污染和生态退化等多重危机，这严重阻碍了社会进步和经济健康发展。尤其是20世纪后期，全球气候变暖、土壤荒漠化、淡水危机、森林退化、生物多样性急剧下降、海洋环境破坏等全球环境问题持续恶化，极大程度地破坏了人与自然环境的和谐关系[4]。为了解决这些危机，实现经济与资源环境的协调可持续发展，多个国家相继提出了“绿色经济”“低碳经济”“循环经济”等发展模式，掀起了资源节约与环境保护的全球热潮[5]。显然，人类逐渐认识到采取传统经济发展模式所带来的惨痛的环境代价，加快改善生态环境和促进人类可持续发展刻不容缓。

改革开放四十多年来，中国经济发展取得了巨大成就，尤其是东部沿海地区依托政策、资金、人才、地理位置等优势率先发展，有力地推动了我国国民经济整体的快速增长。21世纪以来，中国GDP（国内生产总值）总量由2000年的100 280.1亿元人民币增长到2019年的986 515.2亿元人民币，并于2010年超过日本成为世界第二大经济强国，人均GDP也由2000年的7 942元人民币增长到2019年的70 078元人民币[6]。

我国经济的持续增长不仅改善了居民的生活水平，而且提升了我国的国际影响力。然而，根据国际能源机构统计，2018年，中国仍然是世界上能源消耗量最大的国家，占全球能源消耗量的24%，而国内生产总值仅占世界总量的16%[7]，与同期的欧美发达国家相比，我国的能源开发和利用效率仍处于较低的水平。

以资源和环境为代价的粗放型发展模式虽然为中国带来巨大的经济成就，但是造成了严重的环境污染问题，让我国原本脆弱的生态环境雪上加霜。近几年，国内环境污染、气候异常等现象屡屡发生，严重影响了人们日常的生产生活。吴翔[8]指出，2010年我国酸雨面积已达到国土面积的1/3，7大河中有一半的水资源完全无法利用，1/3的城市空气被严重污染，城市垃圾采用环保方式处置的比重低于20%。根据最新的《中国经济生态生产总值核算发展报告2018》显示，我国生态破坏成本达到0.63万亿元，污染损失成本为2万亿元，分别占当年GDP总量的0.87%和2.77%。面对高污染、低效率的粗放型增长方式所造成的资源耗竭和环境污染现状，如何协调经济增长、资源节约和环境保护三者间的关系，构建适合我国经济可持续发展的模式已成为学者们亟待解决的重要问题。

面对日趋严峻的环境污染问题，2012年在联合国可持续发展大会上，发达国家同发展中国家共同倡议将绿色经济发展作为兼顾消除贫困与可持续发展的有效方式。2018年，世界经济与环境大会在北京举行，会议以生态环境与经济可持续发展为焦点，探讨当前全球面临的人类活动与经济发展过程中的持续恶化的生态环境与经济问题，展示了30多家企业的绿色低碳与生态经济成果，并与世界各国分享中国绿色低碳发展经验。2019年联合国气候变化大会缔约方会议第二十五届会议上，围绕城市和电动交通、基于自然的解决方案和"蓝色经济"三个主题，重点探讨和交流如何加快世界经济"脱碳"的议题。发展绿色经济、坚定不移地走可持续发展道路，是人类总结历史经验教训后的必然选择。不少欧美发达国家已将发展绿色经济作为刺激本国经济的重要动力。中国也以绿色经济为导向，相继制定出一系列法律法规，减少经济发展对资源环境造成的破坏，努力建设健康可持续的社会主义和谐社会。十九大报告中明确指出，我们要建设的现代化是人与自然和谐共生的现代化，既要创造更多物质财富和精神财富以满足人民日益增长的美好生活需要，也要提供更多优质生态产品以满足人民日益增长的优美生态环境需要。

绿色经济目前已成为环保政策讨论的核心话题，即使各国对其理解尚未形成共识，绝大多数研究仍将绿色经济作为协调经济发展、社会进步和环境保护关系的切入点。绿色经济的核心思想是用最小的资源消耗和环境损失来获取最大的经济收益，提升资源使用效率，改善生态环境[9]。而绿色经济效率概念的提出为解决绿色经济发展评价问题提供了可度量的指标。随着资源稀缺性的日益显现，中国经济增长的动力也由单纯依靠资本、劳动转变到追求资源环境效率上来，追求绿色经济效率的提升。

绿色经济效率提升是经济、资源、环境复合系统协调可持续发展的必然要求。要解决中国当前出现的资源环境问题，加快经济与环境的协同发展，必须提升中国绿色经济效率水平。在新时代背景下，有效地测算我国30个省份的绿色经济效率值，分析绿色经济效率水平的区域异质性，深入探究影响我国绿色经济效率的主要因素，寻找绿色经济效率水平的提升空间，将为因地制宜地制定我国区域经济发展政策提供决策参考，对于实现我国经济高质量发展具有重要的理论意义和实践价值。

1.2 研究意义

本书具有一定的理论与现实意义，具体表现如下：

(1) 理论意义。一方面，本书拓展了绿色经济效率研究的理论与方法体系。绿色经济效率作为经济可持续发展研究的重点话题，针对绿色经济效率的理论和方法层面，很多学者都进行了大量的科学研究。但是，有关绿色经济效率研究的理论与方法并未形成一套完整的体系，这表明绿色经济效率还有进一步探究的空间，绿色经济效率的理论体系和评价方法仍然有待完善。具体来看，以往研究构建的绿色经济效率评价指标体系并不合理，而且区域层面的绿色经济效率定量研究较少，尤其是缺少结合我国发展现状的研究文献。因此，本书将绿色经济效率各种研究理论和方法结合起来，以期构建一套合理的绿色经济效率评价指标体系和理论体系，从而完善绿色经济效率的评价方法。另一方面，本书丰富了绿色经济效率的研究内容，客观分析了我国绿色经济效率的真实情况。以往研究主要集中在绿色经济效率的评价指标体系和评价方法上，对绿色经济效率影响因素的研究较少，并且学者们采用测度方法对中国绿色经济效率进行分析时，并未将空间因素引入绿色经济效率的研究框架中。在空间互动日趋激烈的背景下，这些影响因素除了进行"本地化"服务以外，还会通过空间溢出效应影响其他地区尤其是周边地区绿色经济效率的变动。因此，本书将在探究绿色经济效率的空间效应基础上，进一步分析绿色经济效率的主要影响因素，探讨各影响因素对绿色经济效率的作用机制，以期丰富和完善绿色经济效率的理论研究。

（2）现实意义。我国在经济发展的新时期不能单纯考虑经济数量的增长，而要兼顾经济发展质量的提升，努力发展经济效益、环境效益和社会效益相统一的绿色经济，这是践行我国可持续发展战略的重要组成部分。我国要采用既重视劳动和资本效率的提升，又重视资源的利用效率、环境的保护、提高绿色经济效率的新型发展模式。因此，本书通过改进绿色经济效率测算方法，提升绿色经济效率测度的准确性和科学性，从而有利于降低劳动、资本、能源等相关要素的变动成本，最大程度地提升区域资源的利用效率和降低对环境造成的破坏程度。在政策层面，本书通过研究中国绿色经济效率水平，了解我国绿色经济发展的现实情况，对今后贯彻可持续发展战略、实现经济高质量发展具有一定的参考价值。另外，由于不同区域的经济发展、产业结构、能源结构、技术水平等存在较大差异，本书将这些影响因素引入绿色经济效率空间溢出效应的研究中，对我国绿色经济效率在空间上存在的集聚特征和相关性进行分析，不仅为加快区域绿色经济发展及相关政策制定提供重要的理论借鉴，而且对缩小绿色经济效率的区域差异，推动区域协调发展，促进经济和社会的可持续发展提供针对性的对策建议。综上所述，本书不仅进一步完善了绿色经济效率的相关测度方法，而且对绿色经济效率的空间效应及所起的作用进行准确判断，进而直接应用于实践过程中。

1.3 国内外研究现状

(1) 经济高质量发展研究现状

自十九大报告中明确指出我国经济已由高速增长阶段转向高质量发展阶段的重要论述后,学界围绕经济高质量发展进行了颇多探索,研究重点主要集中在经济高质量发展的内涵、测度、影响因素及实现路径等方面。一是经济高质量发展内涵研究。学者们从多个视角来定义经济高质量发展内涵[10-12],但尚未形成一致结论,其中一种主流观点认为经济高质量发展就是以满足人民日益增长的美好生活需要为目标的高效、公平和绿色可持续的发展[13]。二是经济高质量发展测度指标研究。部分学者认为采用单一指标如全要素生产率或绿色全要素生产率能够代表经济高质量发展[14-15]。但是马茹等[16]认为经济高质量发展具有多维性特征,需要构建指标体系进行测定。按照指标体系构建的思路可以分为三类:第一类是基于“五大发展理念”[17-19];第二类是基于经济增长质量[20-21];第三类是基于高质量发展内涵[22-23]。三是经济高质量发展影响因素研究。既有研究多从单一视角分析对外投资、制度环境、技术创新、财政分权、投资水平等因素对经济高质量发展的影响[24-27]。四是经济高质量发展实现路径研究。现有文献认为效率变革、产业集聚、制度环境、技术进步等均有助于推动经济高质量发展[28-31]。综合来看,现有研究主要集中在经济高质量发展的内涵、指标体系研究方面,对影响因素与实现路径的研究仍处于起步阶段,且鲜有针对企业高质量发展的研究。事实上,生产性服务企业高质量发展对于服务经济发展、产业转型升级、满足人民日益增长的美好生活需要等均有较好的支撑作用,从而有利于经济高质量发展的实现。因此,对生产性服务企业高质量发展的内涵、指标体系及对策建议等问题开展深入系统研究具有重要的理论价值与现实意义。

(2) 绿色经济研究现状

关于经济与环境关系的研究,最早起源于17世纪末古典经济学家关于经济发展和资源承载力之间关系的朴素观点。18世纪后期,经济学家马尔萨斯在长期关注人口与土地资源间关系的过程中发现,人口增长将会超过食物供应的增长,出现物质资料短缺等问题,并提出了“资源绝对稀缺”的理论[10]。1864年,经济学家乔治·麦基指出,人类活动已经使得生态环境持续恶化,并警告人类对自然界所犯下的“罪行”将导致地球的“毁灭”。“绿色经济”一词起初来自经济学家皮尔斯于1989年出版的《绿色经济的蓝图》一书。19世纪末期,恩格斯提出:“我们不要过分陶醉于我们人类对自然界的胜利。对于每一次这样的胜利,自然界都对我们进行报复。"这一观点旨在警告人类及时关注人与自然的和谐发展,不能为了一己之私而无限度地破坏自然。到了20世纪60年代,西方国家陆续出现了一系列倡导绿色发展的运动,对传统的发展方式所造成的经济、社会和环境问题提出深刻的反思。在20世纪后期,随着人类对污染问题的持续重视,绿色经济已引领世界经济发展的潮流,形成了一种新的经济增长模式。

20世纪以前人类对经济与环境问题的关注主要表现为解决人口和食物之间的矛盾。20世纪中后期,随着社会经济的进一步发展,人类对古典经济增长模式进行深刻批判,并认为必须将经济与环境有机结合,才能找出社会与自然间的重要联系。1966年,经济学家肯尼斯·鲍尔丁在《一门科学——生态经济学》一文中发表了对资源利用、环境保护和国民经济核算的细致研究[11]。1971年,经济学家特尔在其出版的著作《世界动态学》中提出了动态平衡发展理论,他认为只要短暂地控制人口数量的激增以及物质资料的过度生产,就能维持经济的动态平衡。20世纪后期,世界各国逐渐重视和研究可持续发展理论。1987年,世界环境与发展委员会在《我们共同的未来》中提出可持续发展的概念,即既满足当代人需求,又不对后代人满足其需求的能力构成危害的发展。1992年联合国环境与发展大会上,通过了《21世纪议程》等重要文件。自此以后,世界各国就可持续发展理论进行了广泛研究[32]。2006年,亚洲及太平洋经济社会委员会在《亚太环境报告》中指出,亚太地区目前的增长速度是不可持续的,希望该地区的国家采取必要行动建设绿色经济[33]。

可持续发展经济涉及现代经济社会生活的各个领域,不仅成为一种理论,而且是一种实践。我国在《中国21世纪议程》中就从多个角度阐释了可持续发展的内容,如在经济的可持续发展方面就涉及从宏观、中观到微观经济,以及从国民经济各部门到社会生产与再生产的各个环节。国内绿色经济研究起步较晚但发展迅速,学者们对绿色经济的理解存在不同观点,并从多种角度对绿色经济的定义及内涵进行探讨。主要的观点有:邹进泰、熊维明[34]认为,经济学上的绿色经济,可从两个层面理解:从社会生产角度看,它是一种现代生态经济,有机地结合经济再生产与自然再生产;从市场配置资源要素角度看,它是适应当代市场竞争和生态竞争的特色经济。严行方[35]发现,所谓的绿色经济是一种以市场为导向、以传统产业为基础、以经济环境协调发展为目标的新经济形式。它将环境技术、清洁生产等众多环境友好技术转化为生产力,实现经济的可持续发展。剧宇宏[36]认为,绿色经济坚持以可持续发展为原则,实现资源、环境、经济的协调发展,以获取经济、生态、社会三者效益的新型经济发展模式。新型经济的发展要进行相应创新,才能实现经济跨域发展的规范性和科学性。于银州[37]指出,绿色经济是一种以市场为导向、以传统工业经济为基础、以实现经济环境协调发展的新经济形式。张叶[38]指出,绿色经济在整个经济运行过程中,主要涉及生产、流通、分配和消费,不会对人类和环境产生有害影响,或这种影响小到人和环境所允许的程度。杨天宗等[39]指出,绿色经济是以效率、和谐、可持续为基本坐标,以生态农业、循环再制造产业和持续服务业为基本内容的生态结构、增长方式和社会形态。张哲强[40]认为,绿色经济是一种追求人与自然和谐,以知识经济和生态经济为基础的可持续发展模式。它具有很大的发展潜力和经济价值,将引发新的技术革命和管理创新。柯水发[41]认为,可以从两个角度对绿色经济进行界定:第一种是从学术理论层面自上而下地对绿色经济进行定义,考虑的多是生态效率、资源效率、生态足迹等;第二种是服务于实践操作层面,自上而下直接定义绿色经济的产业部门及领域。盛馥来和诸大建[42]指出,绿色经济主要有两种定义:首先,作为一种经济形态,绿色经济指的是以绿色产品和服务为主的经济。其次,作为一种经济手段,绿色经济是指面对重要的环境制约要素,借助调整总体需求,建立并积蓄新一代的资本:清洁的、低碳的、能够提升资源能源使用效率的人造资本(简称"清洁资本")。向书坚、郑瑞坤[43]指出,在 20 世纪 90 年代中国的生态经济学界已有学者使用了"绿色经济"这一术语,他们关注的重点是:一切将围绕改善生态环境而发展,核心问题是实现人与自然的和谐、经济与环境的协调发展。

一些学者重点关注绿色经济发展的对策研究。如曹东等[44]指出,根据不同的经济发展、资源禀赋和环境基础,实施区域差异化的绿色发展战略,同时,构建分区域的绿色发展监测和评估体系;利用技术进步和管理创新促进绿色农业发展,推动农业的发展政策、生产组织、技术服务和管理体系的转型;坚持资源节约和环境友好的基本原则,实施绿色创新战略,推动产业结构优化升级;建立健全绿色服务业体系;积极倡导绿色消费模式,以绿色消费倒逼绿色经济转型。朱婧等[45]认为,从政府层面来看,要增强对绿色产业的发展引导,完善激励约束政策,推动绿色经济的健康发展;从企业层面来看,要重视绿色科技人才队伍建设,实现绿色产业的发展与调整;从行业层面来看,要重视节能建筑、可再生能源和生态基础设施建设等;从消费者层面来看,要积极宣传绿色理念,大力提倡绿色消费;从国际贸易层面来看,要广泛争取欧美发达国家提供技术支持和培训,助推环保商品和服务行业的发展。李正图[46]指出,客观条件是当代中国转变经济发展方式的基本国情,主观条件是未来中国的发展战略及其决策仍然要坚持"党的基本路线"。他构建了中国发展绿色经济新探索的总体思路,并指出经济发展应在这一庞大系统中运行，与之相应，经济发展方式要适应这一庞大系统。刘忠超[47]指出，绿色经济是一条新的发展道路，当前缺乏可供借鉴和遵循的模式和经验，我国要根据不同区域实际情况来搭建多元化的绿色经济发展模式。同时，他提出通过加快发展绿色财政、完善绿色经济的市场基础设施与市场机制建设、推动绿色科技创新等措施来促进绿色经济发展。彭斯震和孙新章[48]提出我国应立足国内需求来培育新兴绿色产业，进而提升在全球产业分工格局中的竞争优势。为此，我国建立健全传统产业淘汰、升级的倒逼机制和新兴产业发展的激励机制，构建以全要素生产率为主的经济发展考核体系；促进新型城镇化、新兴产业发展和新兴就业的紧密结合；采取“技术创新—形成专利—建立标准—引导市场”模式以提升新兴产业的全球竞争力；在全社会大力提倡绿色消费。郑德凤等[49]发现，我国的生态系统压力出现降低趋势，资源利用率、环境绩效与经济效益实现稳步提升，在全球经济绿色转型过程中发挥重要作用。我国将积极推进节能减排、经济结构调整，继续协调好城乡之间、区域之间经济发展与生态环境的关系。曾婧婧和童文思[50]认为，节流类、开源类、转型类政策均显著推动中国工业的绿色经济发展，其中，开源类政策和节流类政策的政策效力较高；开源类、节流类政策的时效性强，但是开源类政策往往具有短期效果，节流类政策具有持续性，转型类政策需要较长时间才能发挥作用；分区域来看，节流类的政策覆盖面最广，而西部地区各类政策的起效都滞后一年。并提出要进一步推进转型类政策的合理制定，提高其政策的有效性；针对西部地区，要加强基础设施建设和固定资产投资，营造有良好政策反映度的工业发展环境；推动能源产业由资本密集型转变为知识密集型。帕瓦达瓦蒂尼·桑达拉彦等[51]认为，绿色金融作为绿色低碳发展的关键部分，和金融业发展、环境改善和经济发展的关系十分密切。绿色金融能够有效降低大气中的含碳气体，避免生态系统进一步恶化。绿色金融是市场主导的投资或借贷项目，将环境影响引入风险评估中，或者通过环境激励措施对商业决策产生重要影响。黄渊基等[52]基于经济学角度，认为建设生态文明、促进绿色发展的关键是发展绿色经济。他指出湖南省要根据生态文明建设总体要求，倡导绿色发展理念，做好顶层设计；增强绿色文化宣传教育，促进政府、企业、社会的共识共为；搭建绿色产业体系；加快绿色技术研发推广；建立健全体制机制，促进绿色经济健康发展。赵德森等[53]指出，营商环境能够显著促进绿色经济增长，并且这一作用总体呈现先升后降的趋势，但该趋势仅在2004—2012年间显著存在；社会服务、基础设施、行政治理和绿色发展有助于促进绿色经济增长，但是促进作用依次减弱，而商务成本的提升会阻碍绿色经济增长。

综上所述，一方面，国外学者主要对经济增长与环境保护间的关系提出不同观点，而对于绿色经济，仅从环境、社会、经济等角度对其概念进行探讨，并未形成统一的理论框架。另一方面，国内学者对绿色经济的概念虽然存在不同理解，但是仍然处于概念阶段，均是从广义上对如何协调资源、环境、经济三者间的关系展开论述，至今并没有构建完善的理论框架。本书认为，绿色经济是以市场为导向，以传统产业经济为基础，以资源、环境、经济协调可持续发展为核心，以实现经济、生态、社会三者效益提升的新经济模式。

(3) 绿色经济效率研究现状

国外早期研究集中在经济效率及其影响因素方面，之后逐渐将资源消耗和环境代价纳入经济效率模型分析中，探究地区的绿色经济效率和绿色全要素生产率水平。Woodward 等[54]认为，以经济效率理论为基础的全球变暖的经济分析是不恰当的，因为许多关于气候变化的潜在根源不在于效率，而是经济禀赋的代际分配。他们还提出了一个简单的经济模型，证明高效的经济不一定是可持续的经济。Golove 等[55]建立了能源消耗和碳排放之间的联系，并提出一种将各自变化分解为经济活动、结构变化、能源强度和燃料组合因素的方法，并采用该方法来分析 1960 年至 1993 年美国能源消耗和碳排放的历史趋势。Kumar[56]将二氧化碳排放量作为产出指标，采用 Malmquist-Luenberger 指数对 1971—1992 年 41 个国家的环境效率和环境全要素生产率进行评价。Tang 等[57]以黄海生态系统中 12 种鱼类为研究对象，通过试验对黄海的生态转换效率进行研究。Ricardo[58]发现，提升国家贸易管理水平将有助于推动全球绿色经济的快速发展。Wapner[59]认为，民间自建团体数量的增长对绿色经济效率提升有显著的促进作用。Halkos 等[60]提出了一种有条件的定向距离函数模型，以检验区域环境效率与人均 GDP 水平之间的关系。并将该模型应用于美国的区域数据，揭示了区域环境效率与人均收入之间的“倒 U 型”关系。Wang 等[61]基于新型 DEA 方法，测算了 2006—2010 年我国 30 个主要城市工业部门的能源和排放效率。此外，他还估计了这些城市的二氧化碳影子价格，即工业部门二氧化碳排放量的边际减排成本。Song 等[62]在测算出 1992、1999、2007、2012 年的中国区域环境效率之后，提出了 DEA 分解的概念，并采用固定效应变系数模型来量化环境法规和技术进步对环境效率的影响。Yao 等[63]认为中国是一个巨大的转型经济体，但是地区间的差距很大，如果不考虑跨地区的异质性就进行能源和碳绩效指标的计算，结果可能会存在一定偏差，因此，他在结合区域异质性之后，探究了中国区域能源效率和碳排放绩效。Tao 等[64]以二氧化碳排放量为非期望产出，采用投入和产出不分离的 SBM 模型来测算 1995—2012 年的区域绿色经济效率，且提出提高省域绿色经济效率的相关对策建议。Liao 等[65]根据生产理论和数学规划，构建了"能源经济效率"，用于测算联结能源生产效率和经济效率的能源效率。Iftikhar 等[66]认为过多的能源消耗和二氧化碳排放是长期存在的问题，需要进行长期研究才能提升经济体的效率评估和绩效监测，并采用能够处理非合意产出的 SBM 模型对主要经济体的能源和二氧化碳排放效率进行静态和动态分析。Han 等[67]利用中国过去 10 年的数据，探究工业组织水平、经济资源禀赋和自然资源禀赋对生态经济效率水平的影响。除了改善应用于产业组织水平的原始评估方法，他们还通过测算资源利用效率和污染排放效率来判断生态经济效益。Xie 等[68]采用非径向距离函数方法分析 1995—2013 年中国 30 个样本省份的耕地利用绿色效率。Ren 等[69]以中国 11 个沿海地区为研究对象，基于 Malmquist-Luenberger 生产率指数模型，将非期望产出引入全要素生产率的测算中，以测算中国海洋经济在环境约束下的绿色全要素生产率。

随着我国对资源节约和环境保护问题的重视程度不断上升，国内学者在分析经济增长问题中尝试将资源和环境因素纳入研究框架，尤其对绿色经济效率的相关研究日益增加，研究的焦点集中在探讨绿色经济效率的测算及其影响因素的分析上。研究的主要成果有：杨龙和胡晓珍[70]首先测算出中国相关省份的综合环境污染指数，然后将单位污染产出指标纳入 DEA 测度模型，测算了 1995—2007 年间中国 29 个样本省份的绿色经济效率，并对绿色经济效率增长的区域差异进行了收敛性检验。汪克亮等[71]基于 2000－2009 年的省级面板数据，采用非参数共同前沿理论和方向性距离函数测度中国绿色经济效率水平，并采用"共同技术率"分析各地区绿色生产技术与最优生产技术之间的差距。钱争鸣和刘晓晨[72]使用 SBM 和超效率 SBM 对省域绿色经济效率进行测算，并深入探讨绿色经济效率的区域异质性和空间收敛性。王军和耿建[73]基于 2005—2010 年省际面板数据，采用熵权法计算我国各省份的环境污染综合指数，并将绿色 GDP 作为产出指标，在此基础上测算我国的绿色经济效率值。

部分学者实证探讨了绿色经济效率的主要影响因素，如吴翔[8]在深入分析经济效率影响机制的基础上，基于三阶段 DEA 模型和 DEA—Malmquist 模型，分析绿色经济效率的主要影响因素，并测算出剔除环境因素和随机误差后的绿色经济效率与绿色全要素生产率。钱争鸣和刘晓晨[74]深入探究环境管制与经济效率的复杂关系后，基于 SBM 模型提出绿色经济效率的非参数条件效率模型，实证检验了环境管制对绿色经济效率的影响效果。于伟和张鹏[75]运用随机前沿分析法测算 2002—2012 年间中国各省份的绿色经济效率，探究空间互动背景下城镇化发展对绿色经济效率增长的影响。王亚平等[76]采用 DEA 方法测算了 2000—2014 年中国 30 个样本省份的绿色经济效率，在此基础上分析了我国城镇化发展对绿色经济效率的影响机理及不同区域的空间异质状况。林晓等[77]利用SBM模型对2003—2014年辽宁省14个城市的绿色经济效率进行评价，并采用空间Durbin模型分析辽宁城市绿色经济效率及其影响因素的空间溢出效应。叶仁道等[78]采用考虑非期望产出的SBM模型测算了2005—2015年中国29个样本省份的绿色经济效率，并检验其偏正态分布特征，然后在此基础上构建了偏正态面板数据模型，对中国绿色经济效率的主要影响因素进行分析。任阳军等[79]采用2006—2015年中国省际面板数据，基于面板数据计量模型实证分析城镇化建设对区域绿色经济效率的影响。刘耀彬等[80]认为转变经济发展方式是实现绿色经济的重要途径之一，而文化产业就是典型的绿色经济，能够在促进就业、推动经济结构转型方面进一步彰显绿色经济的独特优势，并采用2000—2013年中国省际面板数据，运用系统广义矩(SGMM)方法实证检验文化产业集聚对绿色经济效率影响的动态非线性关系。施本植等[81]利用2004—2015年中国249个城市的面板数据，通过系统广义矩估计法和面板门槛模型，对金融集聚与城市绿色经济效率的关系进行实证研究。任阳军等[82]基于2007—2016年中国30个样本省份的面板数据，运用动态空间Durbin模型分别在邻接空间权重和经济距离空间权重下，实证检验高技术产业集聚及其空间溢出效应与绿色经济效率的关系。方杏村等[83]基于2005—2016年中国270个城市的面板数据，利用面板数据模型实证分析财政分权、产业集聚与绿色经济效率的关系。胡绪华和陈默[84]以2004—2017年中国35个大中城市为研究对象，建立广义空间自回归模型，对生产性服务业集聚、房价上涨与绿色经济效率提升三者之间的关系进行实证检验。王竹君等[85]认为在推进“一带一路”倡议的大背景下，中国对外开放的重点在于实现“走出去”与“引进来”的结合。因此，以双向FDI和绿色发展的关系作为出发点，分析不同类型环境规制背景下双向FDI对中国绿色经济效率的影响效应非常有必要。沙依甫加玛丽·肉孜和邓峰[86]利用系统广义矩估计方法与面板门槛模型，检验人力资本集聚对绿色经济效率的非线性影响，并进一步分析了两者之间关系的空间异质性。曹靖和张文忠[87]以粤港澳大湾区为研究对象，探究不同时期城市创新投入对绿色经济效率的影响方式和大小的变化。宋晓玲和李金叶[88]分析了双向FDI、技术创新与绿色经济效率的影响机制，在此基础上采用空间交叉模型和面板门槛模型探究双向FDI对绿色经济效率的影响及技术创新的门槛效应。周鹏飞等[89]基于2012—2018年中国省域面板数据，利用系统广义矩估计方法和门槛模型对制造业集聚对城市绿色经济效率的影响进行研究。盛科荣等[90]利用2019年中国上市公司500强企业网络数据构建城市网络，在此基础上分析了网络权力、知识溢出对中国城市绿色经济效率的影响。李金林等[91]利用2003—2018年中国城市面板数据，构建了互联网发展指数与绿色经济效率指数，基于空间滞后模型(SAR)与中介效应模型，实证分析了互联网发展对绿色经济效率的影响及其作用机制。赵林等[92]运用修正的引力模型和社会网络分析方法探究绿色经济效率的空间关联网络结构演变特征与关联网络效应，同时利用二次指派程序方法识别了其影响因素。张平淡和屠西伟[93]将空间效应引入双边随机前沿模型中，测算制造业集聚对绿色经济效率的双边影响，并对制造业集聚的聚集效应、拥挤效应以及两者共同作用的净效应进行估计。还有学者基于面板门槛模型[94-95]、空间计量模型[96]、超效率SBM模型[97]和空间计量经济学方法[98]，实证探讨环境规制对中国绿色经济效率的影响机制。

综合上述研究发现，国内外学者基于多种角度和方法对绿色经济效率及其影响因素进行了研究，但也存在一些不足之处：首先对环境污染因素考量的指标差异较大，且较为单一。已有研究对环境指标的选取仅限于二氧化碳、二氧化硫、氮氧化物等指标中的一个或多个，对资源和环境的其他方面考虑较少。其次，限于当时的社会发展状况，已有的绿色经济效率评价体系仍然存在诸多缺陷，已构建的绿色经济效率评价指标体系仍需进一步完善。再次，对绿色经济效率影响因素的分析较少考虑空间效应，以往假设空间单元相互独立的思想并不符合空间互动日趋激烈的现状。最后，缺少对绿色经济效率与传统经济效率及绿色经济指标和传统经济指标的对比分析。

1.4 研究思路和研究方法

1.4.1 研究思路

我国经济已由高速增长阶段转向高质量发展阶段，在此背景下发展绿色经济，对于转变经济增长方式、优化调整产业结构、加快社会主义现代化建设具有重要意义。而绿色经济发展的关键在于提升绿色经济效率，也就是实现经济数量和质量的同步提升。作为衡量区域经济与资源环境协调可持续发展水平的重要指标，中国绿色经济效率水平如何评价？环境污染情况是否存在区域差异？绿色经济效率在空间上是否存在差异？区域绿色经济效率的动态变化情况如何？省域绿色经济效率是否存在空间溢出效应？哪些影响因素有助于绿色经济效率的提升，哪些影响因素阻碍绿色经济效率的提升？本书遵循“环境污染综合水平分析—绿色经济效率分析—绿色经济效率动态评价—绿色经济效率的空间相关性—绿色经济效率空间溢出效应研究—城市绿色经济效率评价研究—生产性服务业集聚对绿色经济效率的影响研究—绿色经济效率提升对策研究”的思路。具体来说，首先，综合利用可持续发展、生态经济、低碳经济、循环经济、环境经济等方面的基本理论，在深入分析我国30个省份经济、能源、环境统计数据的基础上，运用熵值法测算出环境污染综合指数，在此基础上运用超效率SBM模型对我国2007—2016年30个省份的绿色经济效率进行测度。其次，运用DEA-Malmquist指数法探究中国绿色全要素生产率的变动情况。再次，运用全局Moran's I指数和局部Moran's I指数检验我国区域绿色经济效率的空间相关性，并采用空间Durbin计量模型分析中国省域绿色经济效率的空间溢出效应。另外，以常州市为例，采用SBM模型实证分析常州市绿色经济效率水平；以江苏省为例，采用面板数据模型和空间Durbin模型估计生产性服务业集聚对江苏省绿色经济效率的影响效应。最后，结合我国基本国情，提出提高绿色经济效率水平的对策建议。

1.4.2 研究方法

(1) 文献分析法

通过收集和梳理国内外有关绿色经济、绿色经济效率、绿色经济效率影响因素研究的相关文献资料，并整理有关绿色经济效率的基础理论，以及有关环境污染综合指数测度、绿色经济效率和绿色全要素生产率测度、绿色经济效率主要影响因素的文献资料，从而构建中国绿色经济效率的测度与提升对策研究的理论框架。

(2) 定性与定量分析相结合

文章在定性分析中国环境污染情况和指标体系的基础上，借助熵值法定量计算中国省域环境污染综合指数；在定性分析绿色经济效率概念和指标体系的基础上，采用考虑非期望产出的超效率SBM模型对其进行定量测算；在定性分析绿色经济效率主要影响因素的基础上，进一步建立空间Durbin模型分析省域绿色经济效率的空间溢出效应，以及各主要因素对省域绿色经济效率的影响机制。

(3) 空间统计分析和空间计量分析

空间计量经济学主要探究区域间经济行为在空间上的交互作用，即空间效应。传统的计量经济学方法假设空间单元是彼此独立的，如果计量经济学模型中存在数据的空间效应等问题时，则估计结果是有偏差的。本书运用空间自相关分析方法，来检验我国省域绿色经济效率在空间上是否存在显著的空间自相关性。然后将空间效应引入绿色经济效率影响因素的分析框架，建立空间Durbin模型，探究各主要影响因素对绿色经济效率是否存在空间溢出效应。此外，以江苏省为例，采用空间Durbin模型实证探究生产性服务业集聚对绿色经济效率的影响作用。

(4) 比较分析法

本书首先采用横向的比较方法，对比分析同一时期中国不同地区间绿色经济效率以及绿色全要素生产率的差异。然后采用纵向比较方法，对比分析同一地区绿色经济效率以及绿色全要素生产率在不同时期的发展水平。同时，对同时期同地区的绿色经济效率与传统经济效率、绿色全要素生产率与传统全要素生产率分别进行对比分析。

1.5 本书结构和创新之处

1.5.1 本书结构

本书首先测算出环境污染综合指数，在此基础上对我国2007—2016年30个省份的绿色经济效率进行测度，并分析绿色经济效率的区域异质性和阶段异质性。其次，探究中国绿色全要素生产率指数及其分解指数的变动情况。再次，检验我国区域绿色经济效率的空间相关性，并实证分析中国省域绿色经济效率的空间溢出效应。另外，结合我国基本国情，提出提高绿色经济效率水平的对策建议。最后，以常州市为例，实证分析常州市绿色经济效率及其冗余度；以江苏省为例，分析生产性服务业集聚对江苏省绿色经济效率的影响并进行实证检验。本书的具体内容如下：

第1章为绪论。介绍研究背景和意义，并总结国内外关于绿色经济、绿色经济效率、绿色经济效率影响因素的相关研究成果，提出本书的研究思路、方法和内容等，阐述了本书的主要创新之处。

第2章为内涵界定与理论基础。界定了效率、绿色经济和绿色经济效率的内涵，分析了可持续发展理论、生态经济理论、循环经济理论、低碳经济理论、环境经济理论。

第3章为中国环境污染综合水平分析。在探究了环境污染综合水平测算方法的基础上，采用熵值法估算出我国30个省份环境污染综合指数，并进一步分析了环境污染综合指数的区域差异。

第4章为中国绿色经济效率分析。构建了绿色经济效率评价指标体系，运用超效率 SBM 模型测算出中国 30 个省份 2007—2016 年的绿色经济效率值，并与超效率 DEA 模型测算出的传统经济效率从空间维度和时间维度进行对比分析。此外，通过聚类分析探究 30 个省份绿色经济效率与环境污染情况在地理空间上的分布格局。

第 5 章为中国绿色全要素生产率分析。在对绿色经济效率开展静态评价的基础上，用相对绿色 GDP 替换 GDP 作为产出指标，基于 DEA-Malmquist 生产率指数模型测度中国绿色全要素生产率指数及其分解指数，并与传统全要素生产率指数及其分解指数进行对比分析。

第 6 章为中国绿色经济效率的空间相关性检验。基于前文测算出的 30 个省份绿色经济效率值，采用全局 Moran's I 指数和局部 Moran's I 指数对我国省域绿色经济效率进行全局和局部的空间自相关分析，从而为绿色经济效率空间溢出效应的实证分析提供相应的依据。

第 7 章为中国绿色经济效率的空间溢出效应研究。筛选绿色经济效率的主要影响因素，包括能源消费结构、外商直接投资、污染治理力度、技术进步、产业结构、经济发展水平，然后基于空间自相关检验结果，构建空间 Durbin 模型探析中国绿色经济效率的空间溢出效应，以及各影响因素对绿色经济效率的直接效应和空间溢出效应。

第 8 章为结论与建议。总结文章的研究结论，提出提升中国绿色经济效率水平，实现区域经济与资源环境协调可持续发展的对策建议。

专题研究 1 为中国城市绿色经济效率评价研究——以常州市为例。在构建绿色经济评价指标体系的基础上，分析常州能源利用和环境污染的现状，采用 SBM 模型对常州 2009—2018 年的绿色经济效率进行测算，并对常州绿色经济效率冗余度进行分析。最后，提出提升常州绿色经济效率的对策建议。

专题研究 2 为生产性服务业集聚对绿色经济效率的影响研究——以江苏省为例。系统分析生产性服务业集聚对绿色经济效率的作用机理，测度分析江苏城市生产性服务业集聚水平和绿色经济效率水平，在此基础上利用空间 Durbin 模型估计江苏生产性服务业不同集聚模式对绿色经济效率的直接影响以及空间溢出效应，并分析集聚空间效应的区域分异和层级差异。基于研究结果，提出促进江苏生产性服务业集聚良性发展的对策建议。

1.5.2 主要创新之处

绿色经济效率研究作为节能减排领域的重要研究课题，其测算方法、影响因素及空间效应等方面成为研究绿色经济效率的重要内容。本书的创新点主要体现在以下四个方面：

第一，将资源利用和环境代价引入绿色经济效率评价框架中，构建绿色经济效率的评价指标体系。采用熵值法计算反映30个省份环境综合水平的环境污染综合指数，并将其作为非期望产出和能源消耗纳入绿色经济效率的评价指标体系中。同时，在测算绿色全要素生产率过程中，构建相对绿色GDP指标，该指标包含了资源消耗和环境污染，与传统GDP指标相比，能更加真实地反映我国经济增长所带来的环境代价。

第二，结合超效率SBM模型和Malmquist模型，深入探讨绿色经济效率和绿色全要素生产率的静态格局和动态变化。基于DEA方法的超效率SBM模型主要用于对某个时点上的截面数据的效率测算，而Malmquist模型是对全要素生产率动态变化进行评价，弥补了静态评估模型无法分析面板数据的不足。

第三，采用空间统计分析法探析我国绿色经济效率的空间关联机制，检验了绿色经济效率的空间自相关性。并且为了判断绿色经济效率是否存在空间效应，建立基于面板数据的空间计量模型，摆脱了传统计量模型“空间单元相互独立”的限制，使得实证结果更加科学、准确。

第四，将江苏常州作为研究对象，探究江苏常州绿色经济效率的真实水平和变动趋势，了解江苏常州的绿色经济发展现状，同时，从生产性服务业集聚视角探讨江苏绿色经济效率提升的路径及对策，进而为其他省份和城市政府部门制定提升绿色经济效率的政策体系提供决策参考。

第 2 章

内涵界定与理论基础

2.1 内涵界定

2.1.1 效率

“效率”这一专业术语起初来自物理学，物理学中使用的效率为有用功率与驱动功率的比值[99]。从科技的角度看，效率指在既定投入和技术条件下，不浪费经济资源，或利用经济资源获得最大生产的满意度。从管理的角度看，效率是指在给定时间内投入与产出的比率。在经济学中，学者们在物理学的效率思想的影响下从投入产出角度来衡量效率，且在帕累托之前的大多数经济学家均从物理学的角度来分析效率。直至帕累托开始，经济学家才对效率有了明确的定义[100]。

作为经济研究的主要组成部分，效率主要指各种资源的有效配置程度，这也是进行有效配置资源的主要根据。狭义上的效率代表资源使用的效率，而广义上的效率是指资源配置的效率。Farrell 基于 Debreu 和 Koopmans 的工作成果，将效率分解为技术效率、配置效率[101]。其中，从投入的角度来看，技术效率是生产单位实际投入与最小投入的比值；Leibenstein 基于产出角度将技术效率定义为：在既定投入下，实际产出与最大化产出的比率，可进一步分解为纯技术效率和规模效率[102]。配置效率是指在既定投入价格和技术水平下，优化投入量以实现最大化的产出量，以衡量资源的有效利用和资源的有效分配的能力。与配置效率相比，技术效率更直观反映出在投入给定的条件下实现最大生产的能力，或在要素价格给定的条件下，投入要素实现最优生产的能力。因此，本书中的效率更多的是指技术效率，即在给定投入下获得最大产量的能力，或在给定产出下实现最小投入的能力。

2.1.2 绿色经济与绿色经济效率

在定义绿色经济效率之前，首先必须明确经济效率的内涵。经济效率在经济学中通常简称为“效率”，广泛运用于经济理论的研究中，但受到其应用的广泛性影响，学者们对经济效率的定义和内涵存在不同看法，尚未形成一致观点。帕累托[103]认为，资源配置效率就是在某种资源配置中，使得该经济中所有人至少和初始情况一样良好，且至少有一人较初始情况更好，则配置效率实现最大化，也被称为“帕累托效率”。萨缪尔森在《经济学》中认为，经济效率就是效率不产生浪费现象[104]。综上所述，本书研究的经济效率意味着在经济活动中，在给定投入的约束下获得最大化的产出，或在给定产出条件下实现投入最小化，此时的经济活动才是有效的。

“绿色经济”一词由经济学家皮尔斯于 1989 年首次提出。之后国内外学者相继展开绿色经济相关概念的讨论和分析，并取得一系列研究成果。与传统经济发展方式相比，绿色经济重点关注如何协调资源稀缺性与人类社会经济发展需求之间的矛盾，解决经济活动对资源和环境造成的外部不经济性。结合已有研究发现，绿色经济又有广义和狭义之分，其中狭义的绿色经济是指：在社会生产过程中协调好经济发展与资源节约、环境保护三者之间的关系，保证实现经济的高效率和环境的合理性相结合的新型经济发展模式。本书基于狭义的绿色经济概念进行研究。而绿色经济效率则是综合了经济效率和狭义的绿色经济概念而得出的。因此，本书中的绿色经济效率是指：在考虑资源消耗和环境代价的基础上，评价一个国家或地区的经济效率，这也是衡量社会经济发展有效程度的重要指标[105]。具体来看，绿色经济效率是将资源的消耗和环境的污染情况考虑到实际的经济活动中，反映经济活动是否有效利用资源和降低环境污染，是一种真正的“绿色”经济效率值。

2.2 理论基础

2.2.1 可持续发展理论

经过吸取工业化进程中一系列环境公害的教训与持续反思，至 20 世纪 80 年代，国际社会对可持续发展的思想和理念基本形成一致[106]。可持续发展理念的提出，标志着绿色经济理论进入一个崭新的发展阶段。在可持续发展思想和理念的影响下，人类开始重视经济生产活动中的资源和环境问题，开展了绿色产业、绿色营销、绿色管理、绿色消费、绿色经济等一系列的实践和研究[107]。具体而言，不同国家的学者基于研究角度的不同，对可持续发展的理解存在较大差异。Kummer 等[108]认为可持续发展侧重于经济发展的可持续；Clark 等[109]认为可持续发展侧重于自然环境的可持续；Brown 等[110]则认为可持续发展就是人类社会发展的可持续。此外，在 1994 年中国资源、环境与经济发展研讨会上，学者们一致认为可持续发展就是生态与经济相协调的发展[111]。

综合来看，世界各国对于可持续发展的论述主要包含以下观点：第一，可持续发展是人类的共同目标，也是人类生存和发展的重要保证。Barbier[112]认为，世界经济社会发展迅速，人口规模持续扩大，保证人类生存和发展的重要途径就是经济和人口规模必须控制在仅借助可再生资源就能满足人类生产生活需求的程度。Costanza[113]认为，可持续发展是经济增长与生态系统演变的一种动态平衡关系，能够帮助人类在保持生态系统多样性的基础上获得无限延续。第二，可持续发展的核心是保证人类的代际公平。Brundland[114]认为，可持续发展是不仅满足当代人的需求，而且不会威胁到子孙后代满足其持续发展的发展模式，这一观点也得到国际社会的充分认可。第三，可持续发展的关键是寻求经济、社会与环境的稳步发展。传统的经济发展模式以高投入、低产出、高污染为特征，而可持续发展的本质是促进经济活动与生态环境的有机协调，使得生态环境能够承载经济系统破坏的后期恢复。可持续发展就是经济系统在生态系统演变中的动态适应过程，并且这一动态适应过程有利于经济系统的演变逐渐趋于稳定状态[115]。

随着国际社会对可持续发展模式的研究不断深入，总体上可以将可持续发展的模式分为四类：第一类是理想模式。理想模式的主要内容是要求人类对生态环境的索取应与付出保持一致。可持续发展的理想模式认为，人类在确定的生态限制下生存，经济不可能无限扩张，严格控制人口的增长和经济发展的速度是保证人类持续发展的基础。经济欠发达地区或不发达地区需要通过经济正增长来维持，而经济发达地区应当维持经济负增长，从而抵消欠发达地区的经济正增长。由于经济零增长这一条件很难被发达国家和发展中国家接受，因而这种理想模式并未在全球范围内得到普遍认可。第二类是经济和环境共同发展模式。这种模式注重经济的可持续发展，将生态系统的维护引入经济系统。该理论认为可持续发展的最终目的是促进经济增长，但是要促进经济的可持续增长，就必须实现生态环境的协调发展，这与传统经济增长理论存在明显差异。同时，由于经济增长模式考虑了环境因素，这种理论在经济增长和环境保护之间的矛盾不断凸显的背景下，越来越受到社会的广泛关注。但是，这种理论模式也被认为缺乏公平性，更偏向于发达国家，因为发达国家已经有资本积累，可以在不改变现有政治体制的状态下解决环境污染问题，但是发展中国家还需要经历政治、经济体制的不断调整和探索。第三类是生态发展模式。生态发展模式认为人类发展的前提是生态环境，因而在经济发展过程中必须根据生态环境进行调整，以保持生态环境的可再生能力。生态发展模式与理想模式的不同之处在于不受数量增长的约束，注重经济增长方式的转变，即由注重经济数量增长转变为注重经济质量增长。第四类是经济增长发展模式。这种模式认为推动可持续发展的政策目标仍然是经济增长，这与传统增长模式的不同之处在于将环境因素引入经济增长中，自然环境只作为辅助，用于促进经济增长，经济的不断发展反过来会补偿因促进经济增长而损失的生态环境。

2.2.2 生态经济理论

主流西方经济学可以阐释现代混合市场经济的运行机理，但无法将生态要素很好地引入其学科体系，难以从根本上解决社会经济活动与生态系统的矛盾。20 世纪 80 年代，生态经济学作为一门新兴学科受到广泛关注。生态经济学的出现，对社会经济理论研究产生了重要影响。Costanza[116]认为，生态经济学是阐述生态系统和经济系统之间关系的重要学科，其目标是根据生态学和经济学的原理，结合生态规律和经济规律来探究经济活动和生态环境的关系。生态经济学的研究对象是生态经济系统，主要有三个特点：一是生态经济学具有整体性。只有将生态系统和经济系统组成有机统一整体，生态经济学才能成为完整的系统学科。二是生态经济系统具有战略性。生态经济系统在由量变到质变的发展过程中，只有具备长远战略，才能在达到质变时避免对生态系统和子孙后代产生不可逆的影响。三是生态经济学研究对象具有综合性特点。生态经济体系涉及生命系统、环境系统等多层次，是一种复杂的综合体系。

西方生态经济学主要研究其可持续性。生态经济学的研究早已纳入可持续发展的理念，并成为其进一步研究的基础。西方生态经济学理论的核心观点指出，生态系统包含经济学系统，并将其作为自身的一部分。生态经济系统理论认为，经济系统作为生态系统的一部分，往往具有开放的性质。Daly 等[117]在分析经济系统和生态系统相互影响的机制中，将经济系统作为生态系统的子系统来进行研究。因此，只有认可经济系统是生态系统的一部分，才能实现经济系统与生态系统的协调发展。我国学者主要包含以下几种理论：第一种是生态与经济双重存在理论。该理论认为片面追求经济利益而忽视生态环境保护，将会对生态系统造成严重破坏。因此，只有保证经济与生态双重存在，才能促进经济系统又好又快发展。第二种是以经济为主导、以生态为基础的理论。该理论认为只有将经济系统放在首位，才能解决一系列社会问题。虽然以经济为主导，但是人们认识到保护自然环境和生态平衡是促进社会经济发展的基础，一切经济活动必须在生态系统正常运行的基础上顺利开展。第三种是经济、生态、社会效益统一理论。这一理论认为生态经济系统是由生态系统和经济系统组成，生态经济平衡是由生态平衡和经济平衡组成，而生态经济效益是由生态效益和经济效益组成。由于经济和社会发展密切相关，生态经济效益又可以延伸为经济效益、生态效益和社会效益。

2.2.3 循环经济理论

"循环经济"的概念是由美国经济学家 Boulding[118] 首次提出，之后诸多学者将循环经济理念加以深化和进一步发展。循环经济是以资源循环和有效利用为核心，以保护生态环境为目标，以低消耗、低排放、高效率为基本特征，以实现资源再利用和再循环为重要手段，实现资源高效利用的可持续发展模式。循环经济要求基于经济规律和生态规律，高效利用自然资源、改善自然环境，在物质循环利用的基础上促进经济发展。循环经济与生态经济的主要区别在于：循环经济注重整个社会物质的循环利用，强调循环和生态效率；生态经济注重经济系统和生态系统的有机结合，强调经济和生态的协调。循环经济和生态经济具有相同的本质，均是为了实现可持续发展。

循环经济是以人类经济社会发展和自然环境和谐统一的生态学原理为指导，通过将思想意识转变到可持续发展的轨道，从而提高资源利用率、降低污染排放，实现经济、社会系统的良性循环。传统经济发展模式在机制上存在弊端，因而难以正确高效地处理经济系统与生态系统之间的关系，反而使两者之间产生矛盾。因此，循环经济基于新的视角，全力解决经济发展速度与环境保护技术速度的同步性问题，从而将技术经济范式引入循环理念，促进生态系统和经济社会的融合发展。循环经济的主要特征：一是循环经济的主体是物质的循环流动。传统经济发展模式往往追求经济总量的扩张，忽视了经济增长的质量，从而形成高消耗、高污染、低效率的粗放型发展模式，而循环经济有助于在物质循环过程中降低污染物排放，从而构建可持续发展模式。二是循环经济具有战略性。循环经济认为不能为了短期收益而消耗大量生产资源，对生态环境形成不可逆的损害，必须专注于长期的收益。三是循环经济具有综合性。循环经济的综合性是指在经济发展中，不仅要注重生态环境与经济增长，而且要关注科技、文化、社会发展模式等因素，将能够促进经济可持续发展的全部要素纳入分析框架中。

2.2.4 低碳经济理论

英国政府在《我们能源的未来：创建低碳经济》白皮书中首次提出低碳经济的概念。书中认为低碳经济是以低能耗、低排放、低污染为基础，以实现经济效益、社会效益、环境效益为目标，是一种新的经济发展模式；低碳经济不仅提高了人类生活质量，改善了社会和生态环境，而且加快了先进技术在全世界的有效流通，促进了全人类的发展。低碳经济的核心是加快低碳技术和低碳产业的发展，推进制度创新和产业结构调整。随着人类社会的不断发展，低碳经济的内涵也在不断丰富，但是至今尚未形成统一的定义。目前，国际社会普遍认为低碳经济是以可持续发展理念为基础，通过制度创新、技术创新、产业转型等方式，最大限度地减少高碳能源消耗，实现经济发展与环境保护的协同共进。低碳经济的实质是提高能源效率，核心是制度创新和技术创新，特征是低能耗、低排放、低污染，实现方式是生产方式转变、产业结构调整，目的是实现可持续发展。

低碳经济作为一种前沿经济理论，主要包括几个方面的内容：(1)从能源利用的角度，低碳经济强调由化石能源转变为可再生能源。化石能源包括煤炭、天然气等不可再生的一次性能源，在促进经济发展中发挥着重要作用。但是，自工业革命以来，以化石能源为主体的能源消费方式对生态环境造成严重破坏。随着全球人口的急剧增长和工业的快速发展，能源资源的大量使用、土地利用方式转变等问题，引发全球气候变暖和温室效应。因此，低碳经济要求协调能源消耗、经济增长方式和碳排放三者之间的关系，通过改变以化石能源为主体的能源消费结构，从而实现经济增长与高污染、高排放的“脱钩”。(2)从产业升级的角度，低碳经济是以低碳产业和低碳技术为基础，通过加大研发投入，开发先进能源技术，提高能源利用率，优化产业结构。从当前情况来看，制约低碳经济发展的主要因素是产业结构低度化，因此，促进低碳经济发展的重点是调整和优化产业结构。(3)从技术进步的角度，低碳经济的实质是提升能源效率，核心是通过制度创新、技术创新、组织创新等，降低化石能源的消费比重，减少对生态环境的损害。因此，发展低碳经济的重点是加大低碳技术研发投入，充分发挥技术进步的带动作用。(4)从制度创新的角度，低碳经济是利用科学的制度安排，解决低碳经济的制度性问题。因此，发展低碳经济的重点是改善制度安排，提升低碳发展的对策有效性。(5)从碳循环的角度，低碳经济实质上是一种由高碳能源向低碳能源过渡的发展模式。因此，发展低碳经济的重点是降低能源的碳排放强度，加速从高碳发展模式转变为低碳发展模式。可以发现，实现低碳经济发展需要通过提高能源利用率，降低碳排放，最终实现经济、社会、环境的协调可持续发展。

2.2.5 环境经济理论

随着世界经济的飞速发展，环境质量出现进一步的退化，且环境质量与经济质量之间此消彼长的关系成为环境经济学者们研究的热点问题。针对这一问题的重要研究成果就是环境库兹涅茨曲线（EKC 曲线）。美国经济学家库兹涅茨于 1955 年提出了收入分配状况随经济发展过程而变化的曲线，即在经济发展中，收入差距会以倒 U 的形式呈现先扩大后缩小的特点，被称为库兹涅茨倒 U 曲线。随着环境污染问题不断加重，人们将库兹涅茨倒 U 曲线应用到环境和经济的关系上，提出了环境库兹涅茨曲线假说。该假说指出，环境质量随着经济增长出现先恶化后改善的"倒 U 型"趋势。当经济发展水平较低时，资源利用能力较差，环境污染也处于较低水平；当经济发展到一定阶段时，资源消耗速度不断加快，往往以牺牲环境为代价发展经济，环境保护政策执行力较低，导致环境状况加速恶化；当经济发展到较高水平时，经济结构调整加快，经济发展的成果不断向环境保护转移，使得环境质量稳步提升。

目前，国内外对环境库兹涅茨理论的研究主要集中在技术、经济结构、资源成本和国家政策等方面。Stokey[119]采用内生增长模型对 EKC 曲线进行研究，发现经济的快速发展有助于提升资源利用效率，环境质量出现先恶化后改善的局面。Grossman[120]认为，EKC 曲线是规模效应和结构效应双重作用的结果。规模效应是指随着经济规模的持续扩大，人们对资源的依赖性逐渐增强，污染也逐渐加重。结构效应是指随着经济结构由农业转变为工业时，污染逐渐加重，并且由于工业化进程的加快，资源消耗随之增加，环境质量也出现下滑；当经济发展到一定阶段，经济结构趋于合理，能源转移至服务业和技术密集型产业，污染开始减轻。Panayotou[121]在研究 EKC 曲线的过程中，将环境服务业作为商品，分析其弹性。他认为随着人民生活水平的提高，人们会主动调节消费倾向，从而减少污染。

根据 EKC 曲线理论，经济增长与能源消耗之间存在正相关性，即经济增长会带动能源消费的增加，如果采取有效减排措施，可能会以较低的能源消耗取得更好的经济效益，这一过程叫作"脱钩"。脱钩理论认为，如果一个国家或地区经济发展不以环境恶化为代价，即其能源利用和环境代价不随着经济发展而增加，则呈脱钩关系；反之，一个国家或地区经济发展以环境恶化为代价，则呈耦合关系。根据经济合作与发展组织（OECD）的分类，脱钩可分为相对脱钩和绝对脱钩，其中相对脱钩是指二氧化碳排放增长率小于经济增长率，即相对意义上的低碳经济发展；绝对脱钩是指二氧化碳排放量随着经济增长而下降，即绝对意义上的低碳经济发展。关于经济增长与环境质量的脱钩需要注意以下两点问题：一是脱钩是一个超长期过程。在没有外界因素干扰下，随着工业化进程的加快，一个国家经济增长与碳排放的脱钩阻力会不断增加，脱钩过程可能长达百年。二是实现脱钩过程必须要节约资源，但是节约资源不是单纯地选择减排而放弃经济增长，是在保持经济增长的同时进行碳减排。从理论上来看，脱钩理论和库兹涅茨曲线的原理是一致的。具体来看，库兹涅茨曲线的上升阶段，经济增长、资源利用和环境恶化呈正相关，即三者为耦合关系；库兹涅茨曲线的下降阶段，经济增长与资源利用、环境恶化呈负相关，即三者为脱钩关系。

第3章

中国环境污染综合水平分析

21 世纪以来，中国国民经济发展取得举世瞩目的成绩。但是，经济的快速增长也加大了对资源利用和环境保护的压力，造成经济增长、资源消耗与生态环境保护间的矛盾不断恶化。研究期内我国的废水排放量和生活垃圾清运量总体呈波动增长趋势，年均增长率分别为 2.75%和 3.29%，二氧化硫排放总量有所下降，年均降低 8.56%，这表明近年来除大气污染状况有所缓解外，水污染和固体废弃物污染状况整体上呈现恶化趋势。

据统计，中国环境破坏造成的损失每年约占到 GDP 的 10%，发达国家工业化进程中出现的环境问题已在我国相继出现。为了不再重复走工业化国家“先污染、后治理”的老路，党的十九大报告明确指出，我们要建设的现代化是人与自然和谐共生的现代化，既要创造更多物质财富和精神财富以满足人民日益增长的美好生活需要，也要提供更多优质生态产品以满足人民日益增长的优美生态环境需要。国家发展改革委等部门印发的《“十四五”全国清洁生产推行方案》要求，到 2025 年，清洁生产推行制度体系基本建立，工业领域清洁生产全面推行，农业、服务业、建筑业、交通运输业等领域的清洁生产进一步深化，清洁生产整体水平大幅提升，能源资源利用效率显著提高，重点行业主要污染物和二氧化碳排放强度明显降低，清洁生产产业不断壮大。但是，面对城镇化进程过快、工业化加速发展、生态环境问题日益严重等多重压力，目前政府采取出台环境保护政策、严格管控污染物排放等措施并未取得理想的效果。因此，在倡导绿色经济发展的背景下，有必要深入了解我国目前的环境污染现状以及各区域环境质量状况，这将有助于加快落实节能减排工作，促进绿色经济发展。

3.1 指标选取和数据来源

3.1.1 指标选取

表 3-1 为环境污染指标选取的相关文献统计，可以看出，多数文献选取的环境污染指标主要为污染浓度指标和污染排放指标。其中，污染浓度指标只反映对环境质量所产生的局部影响，如果在时间、空间上出现大的变化，则难以实现精确观测，如某城市的具体空气污染物浓度、某水域的具体污染物浓度等。因此，为了反映我国环境污染程度的总体状况，本书只选取与污染物排放有关的指标。根据环境污染物呈现的物质形态具体可以分为气体、液体和固体，考虑到粉尘、氮氧化物、化学需氧量等排放物的统计时间较短，且与废水和废气排放指标有关联，因此，本书选择废水、废气和固体废弃物的排放量来反映环境污染情况（如表 3-2 所示）。

表 3-1　环境污染指标选取相关文献统计

作者	指标选取
屈小娥[122]（2012）	工业 SO_2 排放量、烟尘排放量、粉尘排放量、固体废弃物产生量
王维国等[123]（2007）、王西琴等[124]（2010）、夏艳青[125]（2010）、许志英等[126]（2015）	工业废水排放量、废气排放量、固体废弃物排放量
薛刚等[127]（2012）	工业废水排放量、废气排放量、固体废弃物排放量、SO_2 排放量
王姗姗等[128]（2012）	工业废水、SO_2、工业粉尘、工业烟尘、工业固体废弃物
刘钻石等[129]（2011）	人均 CO_2 排放量、每千克石油等量能源 CO_2 排放量、单位国内生产总值 CO_2 排放量、每立方米空气可吸入颗粒物、人均每天污水排放量、每天污水排放量
高峰[130]（2015）	工业废水排放量、废水中化学需氧量、废气排放量、SO_2 排放量、烟粉尘排放量、固体废弃物排放量
王耀东[131]（2016）	SO_2 浓度、PM10 浓度、人均工业 SO_2 排放量
于文超等[132]（2015）	工业废水排放量、SO_2 排放量、烟尘排放量
孙克等[133]（2017）	化学需氧量 COD、SO_2 排放量、CO_2 排放量、工业粉尘和烟尘、噪声污染

表 3-2 环境污染指标说明及单位

指标	指标说明	单位
废水排放量	用废水排放量衡量	万吨
废气排放量	用二氧化硫排放量衡量	吨
固体废弃物排放量	用生活垃圾清运量衡量	万吨

3.1.2 数据来源

本章节选取2007—2016年我国30个样本省份的污染物排放量指标，即废水排放量、废气排放量和固体废弃物排放量，数据来源于《中国环境统计年鉴》(2008—2017年)。各指标变量的描述性统计如表3-3所示。

表 3-3 各变量的描述性统计

	样本数	最小值	最大值	平均值	标准差
废水排放量(万吨)	300	19 948.49	938 261.03	217 742.67	172 238.80
废气排放量(吨)	300	16 957.63	1 827 397.20	683 368.95	416 886.30
固体废弃物排放量(万吨)	300	63.60	2 391.00	566.70	411.47

3.2 权重确定方法的选取

权重是以某种数量形式来衡量研究对象的数个指标在总指标中的相对重要程度，它既真实体现指标本质的物理性质，又带有判断者的主观评价，最终得到主观与客观综合考量的评价结果[134]。因此，权重的确定主要取决于两个因素：评价指标在决策中的重要程度和决策者自身对评价指标的重视程度。指标赋权方法具体可分为主观赋权法与客观赋权法。本书将常用的指标赋权方法的原理、优点和缺点等进行对比分析[135-137]，具体见表3-4。

表 3-4　指标赋权方法的比较

	层次分析法(AHP)	德尔菲法	主成分分析法	熵值法
原理	将需要辨别的复杂问题划分为多个层次，让专家对指标重要性进行比较，并计算矩阵的特征向量，以反映下层指标对上层指标的贡献	根据外聘专家的经验、知识等对指标进行主观判断，以确定指标的相对权重	利用降维的思想，将多个相关性高的指标转变为少数彼此不相关的、能最大限度反映原本较多指标信息的综合性指标	通过对大量数据的计算，分析各指标自身的相对变化对整个系统的影响，从而判断指标权重
优点	指标权重计算结果较为客观、准确，操作简单	评价过程较快，操作容易，评价成本较低	评价结果更为客观、准确，消除指标间的相互影响	清晰地呈现各指标的变化情况及对系统影响的程度；不受主观因素的影响；操作简单，准确性高
缺点	易受主观判断影响，定量数据较少，且数据统计工作量较大	易受主观判断影响，随机性较大，准确度较低	当主成分因子负荷的符号为正或负时，综合评价函数的意义不明确	指标和系统得分缺少相应的参考标准，只能对指标之间进行比较；指标的维度无法减少，应用受限
适用范围	用于目标、层次、因素较多的决策	用于数据材料缺乏、主观因素较为重要的决策	用于样本数据完整、指标相关性高的决策	用于指标重要性相近且相关性较小、数据完整的决策

在上述方法中，层次分析法与德尔菲法是主观赋权法，都需要决策者对指标的重要程度进行主观判断，因而，该方法高度依赖专业的评价人员，最好选择具有丰富的实际操作经验的人员，才能保证所获得的数据真实可靠。其中，层次分析法对专家的主观判断做了进一步处理，使得测算结果较为科学、准确。主观赋权法极易受专家自身的知识、经验等的影响，权重估算结果仍需进一步完善。主成分分析法和熵值法属于客观赋权法，均是依据指标的相关程度及所提供的信息量来确定权重。客观赋权法消除了主观因素的影响，按照一定的规则对样本进行赋权，评价结果比前者更为科学。然而，实际上客观赋权法受到评估目标数量和方案数量的限制，使得权重测算过程较为困难，且会受到评价者对决策问题认知程度的约束，将指标的重要程度同等看待，使得权重的设置存在主观性。

本书中的环境污染评价指标没有不确定因素，指标数据容易获取，因而不适合采用主观赋权法，应使用客观赋权法。并且指标间的相关性较小，因而，本书采用熵值法对我国 30 个省份历年的环境污染水平进行测度，探讨近年来各省份环境污染的变化情况。

3.3　熵值法介绍

1）熵理论

熵最初是来自物理学中的热力学概念，德国科学家鲁道夫·克劳修斯在 19 世纪 50 年代首次将其引入热循环的讨论中。他当时只将熵作为表达热力学第二定律的一个概念，用来衡量某一物质系统状态的无序程度。之后在众多学者的广泛研究中，熵理论逐渐从物理学领域运用到工学、管理学、经济学等多个学科中。在信息论中，熵用于衡量系统的无序程度，而信息用于衡量其有序程度，二者绝对值相等，符号相反。熵值既可用来评价一个事件的无序程度，也可用来评价其离散程度。中国在 20 世纪初就开始熵理论的研究，物理学家胡刚复首先提出"熵"这一中文译名。之后，学者们相继引入了耗散结构等理论，使得熵理论在我国的管理学领域中得到进一步发展和应用[138]。

2）熵值法的概念

熵值法是根据熵理论产生的一种衡量评价对象重要程度的方法，能够对多个目标分配相应的权重。熵值法对评价指标进行客观赋权，它依据评价指标的相对变化对整个系统的影响来判断其权重，并已被广泛应用于社会经济和城市化等研究领域[139-141]。设有 m 个决策方案和 n 个评价指标，它们构成了原始指标的数据矩阵 $X=\{x_{ij}\}_{m*n}$。对于给定指标 x_j，其指标值 x_{ij} 间的差距越大，信息熵越小，说明在综合评价中的权重越大；相反，信息熵越大，该指标在综合评价中的权重越小[142]。与德尔菲法、层次分析法等主观赋权法相比，熵值法可依据指标的观测值来判断其重要性，有效地避免了人为因素的干扰，并精准反映各个指标的变化情况及对系统影响的大小，且操作容易、评价结论具有较高可信度[143]。因此，本书采用熵值法来计算评价指标权重，对我国 30 个省份环境污染水平进行综合评价。

3）熵值法的评价步骤

（1）数据标准化

在一般评价模型中，评价指标可能既包含了绝对值指标又包含了相对值指标，且这些指标属性之间通常具有不同的单位和数量级。为了直接比较指标的属性，必须先对其单位进行处理。通常情况下，我们使用标准化处理过程来消除不同指标在单位、量级上的差异，这样可以进行数据的进一步运算[144]。由于进行标准化处理的方法较多，本书标准化处理过程如下：

对于正向指标，

$$x'_{ij} = \frac{x_{ij} - \min_i\{x_{ij}\}}{\max_i\{x_{ij}\} - \min_i\{x_{ij}\}} \tag{3.1}$$

对于负向指标，

$$x'_{ij} = \frac{\max_i\{x_{ij}\} - x_{ij}}{\max_i\{x_{ij}\} - \min_i\{x_{ij}\}} \tag{3.2}$$

由于熵值法在计算过程中运用了对数处理，进行标准化处理后的部分数据为负值，无法直接使用。因此，负值需要做正值处理，可以使用标准化法或功效系数法。本书选择标准化法对数据做一定单位的平移：

$$x''_{ij} = x'_{ij} + A \tag{3.3}$$

其中，x''_{ij} 为平移后的数据，A 为平移幅度。

(2) 定义标准化

将各指标同度量化，计算第 j 个指标的第 i 个评估对象的比重：

$$p_{ij} = x''_{ij} / \sum_{i=1}^{n} x''_{ij} \quad (i = 1,2,\cdots,m; j = 1,2,\cdots,n) \tag{3.4}$$

其中，m 为样本数量，n 为指标数量。

(3) 指标信息熵值和信息效用值

计算第 j 项指标的信息熵值：

$$e_j = -k \sum_{i=1}^{m} p_{ij} \ln(p_{ij}) \tag{3.5}$$

其中，k 是常数，与系统的样本数 m 有关。一个系统如果完全无序，则熵值最大，$e=1$；而一个完全有序的系统，信息数据无序程度为 1，其熵值最小，$e=0$。m 个样本处于完全无序时，$p_{ij} = 1/m$，此时，

$$k = 1/\ln m \tag{3.6}$$

计算第 j 个指标的信息效用值，其信息效用值越大，说明该指标在方案评估中的作用越大，其熵值越小。信息效用值 v_j：

$$v_j = 1 - e_j \tag{3.7}$$

（4）评价指标的熵权（权重）

采用熵值法测算各个指标的权重值，即利用该指标信息的效用价值进行测算，其价值系数越高，表明该指标在综合评价中的重要程度越高。第 j 项评价指标权重为：

$$w_j = v_j / \sum_{j=1}^{n} v_j \quad (j = 1, 2, \cdots, n) \tag{3.8}$$

（5）综合评价

计算第 i 个研究样本的综合评价值 F_i：

$$F_i = \sum_{j=1}^{n} w_j p_{ij} \tag{3.9}$$

3.4　环境污染综合水平测度结果与分析

3.4.1　环境污染综合指数总体分析

利用上述方法及数据对我国历年的环境污染综合指数进行测算。第一步是数据的标准化处理。第二步和第三步分别是定义标准化和计算各指标的熵值和效用值。第四步是计算各个指标的权重值，计算出 2007—2016 年我国 30 个省份环境污染各指标的权重结果。第五步是计算各样本的综合评价值。最终的计算结果见表 3-5。

表 3-5　我国 30 个省份环境污染综合指数

地区	2007	2008	2009	2010	2011	2012	2013	2014	2015	2016
北京	0.022 5	0.023 7	0.025 2	0.023 8	0.022 6	0.022 1	0.022 3	0.023 1	0.023 3	0.023 3
天津	0.010 4	0.010 8	0.010 9	0.011 2	0.010 7	0.011 3	0.011 5	0.011 9	0.011 9	0.011 0
河北	0.047 1	0.046 1	0.046 0	0.044 4	0.046 1	0.046 1	0.046 2	0.044 9	0.043 8	0.048 5
山西	0.030 3	0.029 9	0.030 2	0.030 2	0.032 8	0.032 0	0.032 2	0.032 9	0.031 7	0.033 7
内蒙古	0.027 4	0.028 8	0.029 3	0.029 6	0.030 4	0.031 1	0.030 9	0.030 2	0.029 3	0.028 3
辽宁	0.046 0	0.045 0	0.044 7	0.044 2	0.045 4	0.045 6	0.044 8	0.045 3	0.044 4	0.040 7
吉林	0.023 7	0.024 1	0.023 0	0.022 3	0.021 9	0.022 1	0.021 1	0.021 3	0.020 7	0.018 7
黑龙江	0.034 2	0.033 1	0.033 1	0.030 2	0.031 3	0.029 9	0.026 4	0.025 1	0.023 8	0.025 2

（续表）

地区	2007	2008	2009	2010	2011	2012	2013	2014	2015	2016
上海	0.036 9	0.035 5	0.035 5	0.036 2	0.029 9	0.029 7	0.029 7	0.026 2	0.025 4	0.023 6
江苏	0.069 6	0.069 1	0.068 8	0.070 7	0.071 3	0.071 0	0.069 7	0.071 0	0.071 2	0.073 0
浙江	0.050 1	0.050 7	0.053 1	0.054 5	0.053 9	0.053 0	0.053 4	0.054 0	0.054 7	0.052 7
安徽	0.027 6	0.027 5	0.027 9	0.027 7	0.030 0	0.030 0	0.030 7	0.030 6	0.030 7	0.029 0
福建	0.029 6	0.030 2	0.030 1	0.029 5	0.032 7	0.029 2	0.030 2	0.030 5	0.029 5	0.028 1
江西	0.022 5	0.021 8	0.022 7	0.023 2	0.025 2	0.025 3	0.025 8	0.024 6	0.025 4	0.025 7
山东	0.064 4	0.065 9	0.065 7	0.068 0	0.068 7	0.070 8	0.069 6	0.068 2	0.076 4	0.081 3
河南	0.054 4	0.054 6	0.053 3	0.054 2	0.054 5	0.055 2	0.055 8	0.055 4	0.055 5	0.047 1
湖北	0.040 2	0.040 6	0.040 3	0.040 4	0.040 6	0.038 8	0.039 1	0.038 5	0.039 5	0.036 2
湖南	0.039 2	0.038 9	0.038 3	0.037 9	0.036 0	0.036 9	0.038 0	0.037 0	0.036 7	0.036 1
广东	0.103 3	0.101 3	0.101 7	0.101 3	0.097 4	0.100 6	0.099 6	0.101 6	0.100 0	0.097 0
广西	0.039 3	0.040 2	0.036 4	0.036 5	0.025 1	0.025 8	0.025 0	0.024 9	0.024 7	0.022 3
海南	0.004 8	0.004 7	0.004 7	0.004 8	0.004 8	0.004 7	0.004 9	0.005 3	0.005 4	0.005 8
重庆	0.023 0	0.023 9	0.023 6	0.022 4	0.020 9	0.021 4	0.022 2	0.022 8	0.022 9	0.026 4
四川	0.043 0	0.043 4	0.043 9	0.044 2	0.041 5	0.041 2	0.042 9	0.043 8	0.043 3	0.046 1
贵州	0.022 6	0.022 0	0.022 3	0.022 0	0.022 8	0.023 2	0.023 2	0.023 9	0.023 0	0.027 9
云南	0.017 4	0.017 7	0.017 9	0.017 6	0.023 5	0.023 5	0.024 0	0.024 0	0.024 2	0.031 0
陕西	0.024 3	0.024 3	0.024 7	0.025 0	0.027 3	0.026 7	0.026 7	0.028 4	0.028 8	0.026 0
甘肃	0.014 4	0.014 7	0.014 9	0.015 8	0.016 8	0.016 2	0.016 4	0.016 2	0.016 4	0.015 1
青海	0.004 3	0.004 3	0.005 0	0.005 0	0.004 9	0.004 5	0.004 8	0.004 8	0.004 9	0.005 9
宁夏	0.009 0	0.008 7	0.008 0	0.008 3	0.009 9	0.009 7	0.009 4	0.009 4	0.009 2	0.010 1
新疆	0.018 5	0.018 2	0.018 6	0.018 9	0.021 4	0.022 5	0.023 5	0.024 1	0.023 2	0.024 2
东部	0.039 2	0.039 2	0.039 1	0.039 1	0.038 6	0.038 6	0.038 4	0.038 2	0.038 3	0.037 5
中部	0.039 7	0.039 7	0.039 7	0.039 9	0.040 3	0.040 0	0.039 8	0.039 4	0.039 7	0.038 6
西部	0.034 2	0.034 2	0.034 1	0.034 2	0.034 1	0.034 2	0.034 1	0.034 1	0.034 2	0.034 0

3.4.2 省域环境污染综合指数分析

表 3-6 为 30 个省份环境污染综合指数均值和年均增长率，将 30 个省份按照环境污染综合指数均值由高到低排列发现，排名前十的省份依次为：青海、海

南、宁夏、天津、甘肃、新疆、吉林、云南、重庆、北京，说明这些省份整体环境质量较好；排名靠后的10个省份分别是：湖南、湖北、四川、辽宁、河北、浙江、河南、山东、江苏、广东，说明这些省份总体环境质量较差。环境污染综合指数均值排名靠前的10个省份中，6个来自西部，1个来自中部，3个来自东部；环境污染综合指数排名靠后的10个省份中，1个来自西部，3个来自中部，6个来自东部。

表3-6　我国30个省份环境污染综合指数均值和年均增长率

地区	均值	排名	年均增长率	排名
北京	0.023 2	10	0.40%	13
天津	0.011 2	4	0.69%	18
河北	0.045 9	25	0.34%	11
山西	0.031 6	20	1.21%	21
内蒙古	0.029 5	16	0.35%	12
辽宁	0.044 6	24	−1.35%	6
吉林	0.021 9	7	−2.61%	4
黑龙江	0.029 2	15	−3.37%	3
上海	0.030 9	19	−4.84%	2
江苏	0.070 5	29	0.52%	15
浙江	0.053 0	26	0.57%	17
安徽	0.029 2	14	0.55%	16
福建	0.030 0	17	−0.58%	10
江西	0.024 2	12	1.50%	23
山东	0.069 9	28	2.63%	27
河南	0.054 0	27	−1.57%	5
湖北	0.039 5	22	−1.15%	7
湖南	0.037 5	21	−0.91%	8
广东	0.100 4	30	−0.70%	9
广西	0.030 0	18	−6.11%	1
海南	0.005 0	2	2.12%	25
重庆	0.023 0	9	1.57%	24

（续表）

地区	均值	排名	年均增长率	排名
四川	0.043 3	23	0.78%	20
贵州	0.023 3	11	2.36%	26
云南	0.022 1	8	6.63%	30
陕西	0.026 2	13	0.72%	19
甘肃	0.015 7	5	0.50%	14
青海	0.004 8	1	3.57%	29
宁夏	0.009 2	3	1.26%	22
新疆	0.021 3	6	3.01%	28

表 3-7 为我国 30 个省份环境污染综合指数排名情况，可以看出，样本期间大部分省份的环境污染综合指数变化较小，只发生小幅的波动。少数省份的环境污染综合指数波动较大，如广西、上海、黑龙江等。比较 2007、2010、2013、2016 年的环境污染综合指数发现：(1)考察期内环境污染综合指数下降幅度较大的省份分别是：广西、上海、黑龙江、吉林、河南、辽宁、湖北、湖南、广东、福建，其中，广西环境污染综合指数的下降幅度最大，年均下降 6.11%，表明研究期内这些省份环境污染状况有了明显好转。其中，东部、中部、西部省份的数量分别为 4、5、1，说明近年来东中部省份环境污染治理力度不断加大，环境污染问题得到显著改善。(2)环境污染综合指数上升幅度较大的省份有：山东、贵州、海南、重庆、江西、宁夏、山西、云南、青海、新疆，其中，云南环境污染综合指数上升幅度最高，年均增长 6.63%，表明这些省份环境污染恶化的趋势显著，其中，东部、中部、西部省份的数量分别为 2、2、6，这表明近年来西部地区省份环境质量出现明显下降，亟待加大环境污染治理力度。从 30 个省份的横向比较来看，(1)环境污染综合指数较低的省份主要分为两类：一类是青海、宁夏这样的西部省份，经济水平偏低、工业基础薄弱、城镇化进程缓慢，对环境造成的破坏程度较低；另一类为北京、天津这样的东部省份，这些地区近年来加大环境污染治理力度，采取节能减排和环境保护的发展思路。(2)环境污染综合水平较高的省份中，河北、山西这样的资源型省份在依靠自身自然资源禀赋发展经济的同时，能源资源的过度利用，对当地造成十分严重的环境污染问题。

表 3-7　2007—2016 年我国 30 个省份环境污染综合指数排名

	2007	2008	2009	2010	2011	2012	2013	2014	2015	2016
北京	9	10	13	12	9	8	8	8	10	8
天津	4	4	4	4	4	4	4	4	4	4
河北	25	25	25	25	25	25	25	24	24	26
山西	17	16	17	17	20	20	20	20	20	20
内蒙古	14	15	15	16	17	19	19	17	17	17
辽宁	24	24	24	24	24	24	24	25	25	23
吉林	12	12	10	9	8	7	6	6	6	6
黑龙江	18	18	18	18	18	17	14	14	11	11
上海	19	19	19	19	15	16	16	15	15	9
江苏	29	29	29	29	29	29	29	29	28	28
浙江	26	26	26	27	26	26	26	26	26	27
安徽	15	14	14	14	16	18	18	19	19	18
福建	16	17	16	15	19	15	17	18	18	16
江西	8	8	9	11	13	12	13	12	14	12
山东	28	28	28	28	28	28	28	28	29	29
河南	27	27	27	26	27	27	27	27	27	25
湖北	22	22	22	22	22	22	22	22	22	22
湖南	20	20	21	21	21	21	21	21	21	21
广东	30	30	30	30	30	30	30	30	30	30
广西	21	21	20	20	12	13	12	13	13	7
海南	2	2	1	1	1	2	2	2	2	1
重庆	11	11	11	10	6	6	7	7	7	14
四川	23	23	23	23	23	23	23	23	23	24
贵州	10	9	8	8	10	10	9	9	8	15
云南	6	6	6	6	11	11	11	10	12	19
陕西	13	13	12	13	14	14	15	16	16	13

（续表）

	2007	2008	2009	2010	2011	2012	2013	2014	2015	2016
甘肃	5	5	5	5	5	5	5	5	5	5
青海	1	1	2	2	2	1	1	1	1	2
宁夏	3	3	3	3	3	3	3	3	3	3
新疆	7	7	7	7	7	9	10	11	9	10

3.4.3 区域环境污染综合指数分析

本书将30个省、市、自治区按照传统经济区域划分方式分为东、中、西三大地区。表3-8为我国三大区域环境污染得分的统计性描述。图3-1为我国三大区域环境污染综合指数均值变化情况。

表3-8 我国三大区域环境污染得分的统计性描述

	个案数	最小值	最大值	平均值	标准差	年均增长率
东部地区	11	0.037 5	0.039 2	0.038 6	0.000 5	−0.50%
中部地区	8	0.038 6	0.040 3	0.039 7	0.000 4	−0.31%
西部地区	11	0.034 0	0.034 2	0.034 1	0.000 1	−0.08%

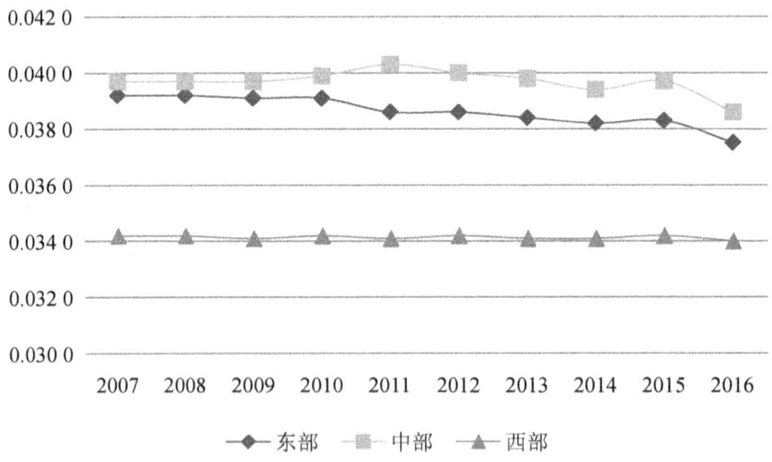

图3-1 我国三大区域环境污染综合指数均值变化情况

根据图3-1发现，中部地区的环境污染程度最为严重(0.039 7)，其后分别是为东部地区(0.038 6)和西部地区(0.034 1)。从三大区域环境污染综合指数的时间趋势来看，东部地区和中部地区均呈现明显的下降趋势，环境污染综合指数分别年均下降0.5个百分点和0.31个百分点；西部地区环境污染综合指数年均下降0.08个百分点，与东中部地区相比下降幅度不明显。对比三大区域环境污染综合指数可以看出，中部地区的环境污染情况最恶劣，其次为东部地区，西部地区的环境污染情况远好于东中部地区，总体上，我国环境环境污染程度由中部、东部、西部依次递减。同时，西部地区环境污染综合指数的标准差为0.000 1，在三大区域中变化最小，说明西部地区环境污染情况较为稳定。我国东部地区凭借在政策、资金、技术、人才等方面的优势，在早期经济快速发展过程中积累丰富的技术与资本优势，不断升级优化产业结构、经济结构，加强节能环保技术开发及新能源的开发利用，整个东部的环境污染情况日益改善。中部产业发展以农业为主，第二、三产业发展缓慢，近年来在“中部崛起”发展战略的推动下，大力发展高能耗、高污染的重工业产业，但是，由于宽松的环境管制政策与资本的限制，污染治理的投入力度较小，造成中部地区在努力发展经济的同时，当地的环境污染程度也随之加重。西部地区自然资源丰富，近年来在国家西部大开发战略的推动下，经济总量稳步提升，同时当地自然生态环境也逐渐恶化。但是，西部地区经济数量和质量远低于全国平均水平，同时工业发展水平也远低于全国，与东中部地区相比，污染排放量较小，因而环境污染情况表现较轻[100]。总体上，我国三大地区污染状况均有不同程度的改善。

3.5　本章小结

本书基于中国省际面板数据，运用熵值法测算出30个省份的环境污染综合指数，得到以下结论：第一，我国30个省份的环境污染综合指数排名基本稳定，少数省份波动较大。其中，样本期间环境污染情况得到有效改善的省份有上海、黑龙江、广西、吉林、河南等，这些省份主要分布在东中部地区；环境污染情况明显加重的省份为云南、青海、新疆、贵州等，这些省份主要分布在西部地区。这说明近年来东中部地区环境污染状况不断改善，而西部地区省份环境质量逐渐下降。第二，环境污染综合指数排名靠前，即污染情况相对较轻的地区，一类是青海、宁夏这样的西部省份，另一类为北京、天津这样的东部省份。环境污染综合指数排名靠后即污染情况相对严重的省份中，资源型产业发达、工业比重较大的省份如河北、山西、内蒙古、辽宁等的环境污染问题十分严重。第三，环境污染综合指数由高到低依次为中部、东部、西部，且中部和东部的指数有明显下降的趋势，西部地区的指数最为稳健。造成这一现象的主要原因是，东部地区长期重视节能减排和环境保护工作，保证了区域整体环境质量的提升，而中部和西部地区经济发展相对落后，在环境综合治理上具有较大的改善空间。因此，这些地区要在注重经济发展的同时增强对生态环境的保护，避免走“先污染后治理”的老路。

第4章

中国绿色经济效率分析

4.1 测度方法选取

当前，国内外测算效率的方法大体分成参数法、非参数法两类。参数法中的随机前沿分析(SFA)法在经济学、管理学等学科中较为常用。SFA 法需要提前设定生产函数和误差项的数学形式，这会在一定程度上影响实证结果。非参数法无需设置生产函数的具体形式，也无须估计参数，在一定程度上减小了测度结果的主观性[145]。非参数法中以数据包络分析(DEA)法的应用最为广泛。考虑到本书中省域绿色经济投入产出具有一定差异，且不易对随机误差项的分布情况进行假设，因而，本书选择不需设置生产函数形式和估计参数的数据包络分析法。

4.1.1 DEA 和超效率 DEA

数据包络分析方法起初源自 Charnes、Cooper、Rhodes 在《欧洲运筹学》杂志上发表的论文“Measuring the efficiency of decision making units”，在往后的 DEA 文献中，以三人姓氏的首字母作为他们创建的第一个 DEA 模型，即 CCR 模型[146]。由于具有无需事先确定函数关系、非主观赋权及可分析决策单元(DMU)无效因素等特点，DEA 法已成为评价相对效率的主流技术工具。

DEA 法利用 DMU 的投入和产出变量，借助数学规划方法测算出有效 DMU 构成的前沿面，然后分析各个 DMU 与生产前沿面的偏离程度，从而估算各 DMU 的相对效率。CCR 模型假定生产技术的规模收益不变，然而，在实际的生产过程中，很多生产单元并未达到最优规模，因而 CCR 测算出的技术效率中含有规模效率[147]。1984 年，Banker、Charnes、Cooper 在 *Management Science* 杂志上发表了“Some models for estimating technical and scale efficiency in data envelopment analysis”，这篇文章提出了估计规模效率的 BCC 模型[148]。DEA 模型又可分为投入导向型和产出导向型，其中，投入导向被定义为不改变产出时获得投入最小化；产出导向是指不改变投入时获得产出最大化。本书选择投入导向的 DEA 模型进行效率测度。

设有 n 个 DMU，每个 DMU 均有 m 种输入和 s 种输出，针对特定的 DMU，投入导向型的 CCR 模型如下：

$$\begin{aligned}&\min[\theta-\varepsilon(e^T s^- + \hat{e}^T s^+)]\\&\text{s. t. } \sum_{j=1}^{n} x_j\lambda + s^- = \theta x_0\\&\sum_{j=1}^{n} y_j\lambda_j - s^+ = y_0\\&\lambda_j \geqslant 0, j = 1,\cdots,n.\\&s^+ \geqslant 0, s^- \geqslant 0\end{aligned} \tag{4.1}$$

上述模型对应的生产可能集为：

$$T=\left\{(x,y)\left|\begin{array}{l}\sum_{j=1}^{n} x_j\lambda_j \leqslant x, \sum_{j=1}^{n} y_j\lambda_j \leqslant y,\\ y \geqslant 0, \lambda_j \geqslant 0, j = 1,\cdots,n.\end{array}\right.\right\} \tag{4.2}$$

投入导向型的 BCC 模型如下：

$$\begin{aligned}&\min[\theta-\varepsilon(e^T s^- + \hat{e}^T s^+)]\\&\text{s. t. } \sum_{j=1}^{n} x_j\lambda_j + s^- = \theta x_0\\&\sum_{j=1}^{n} y_j\lambda_j - s^+ = y_0\\&\sum_{j=1}^{n} \lambda_j = 1\\&\lambda_j \geqslant 0, j = 1,\cdots,n.\\&s^+ \geqslant 0, s^- \geqslant 0\end{aligned} \tag{4.3}$$

在上述 DEA 分析结果中，可能出现多个 DMU 有效的情况，尤其是当投入产出指标数量偏多时，有效 DMU 的数量也会增多，以致无法进一步区别。为此，Andersen 和 Petersen 提出对有效 DMU 进一步区分其有效程度的方法，被称为"超效率"模型。以投入导向型的 CCR 模型为例，超效率 DEA 有别于标准效率模型的唯一特点是增加 $j \neq k$ 这一限制条件，即从参考集中剔除被评价 DMU_k；以投入导向型的 BCC 为例，超效率 DEA 就是在 CCR 基础上增加约束 $\sum_{j=1, j\neq k}^{n} \lambda_j = 1$，具体模型不在此赘述。

4.1.2 SBM 和超效率 SBM

传统 DEA 方法如 CCR、BCC 等多是径向的或角度的[149]，既没有充分考虑到投入或产出的松弛性问题，也无法测算包含非期望产出的效率值。而目前在测算效率中处理非期望产出的方法主要有投入产出转置法[150]、方向距离函数法[151]、正向属性转换法[152]等，但都不能解决投入产出的松弛性问题，评价结果往往出现偏差。面对这些问题，Fare 等[153]提出了包含"非合意要素"的 DEA 方法，Tone[154]在此基础上提出一种基于松弛变量（Slacks-based Measure，SBM）评价 DMU 相对效率的方法。与传统的 DEA 不同，SBM 方法直接将松弛变量引入目标函数中，使得 SBM 模型的经济解释不单是实现最大化的收益，并且是获得实际利润的最大化。SBM 方法克服了径向 DEA 模型不考虑投入产出的松弛性问题，并解决了考虑非期望产出的效率评估问题，在生态效率、能源效率、环境效率评价中应用广泛[155-157]。

Tone 没有给出包含坏产出的 SBM 超效率模型的规划式，但结合 SBM 模型可推导出非期望产出的超效率 SBM 模型。设有 n 个 DMU，每个 DMU 均包含投入 m、期望产出 r_1 和非期望产出 r_2 。向量形式分别表示为 $x \in R^m$ ，$y^d \in R^{r_1}$ ，$y^u \in R^{r_2}$ 。定义矩阵 $X = [x_1, \cdots, x_n] \in R^{m \times n}$ ，$Y^d = [y_1^d, \cdots, y_n^d] \in R^{r_1 \times n}$ 和 $Y^u = [y_1^u, \cdots, y_n^u] \in R^{r_2 \times n}$ 。SBM 模型表示如下：

$$
\begin{aligned}
\min \rho = & \frac{1 - \frac{1}{m}\sum_{i=1}^{m}(w_i^- / x_{ik})}{1 + \frac{1}{r_1 + r_2}\left(\sum_{s=1}^{r_1} w_s^d / y_{sk}^d + \sum_{q=1}^{r_2} w_q^u / y_{qk}^u\right)} \\
\text{s.t.} \quad & x_{ik} = \sum_{j=1}^{n} x_{ij}\lambda_j + w_i^- \\
& y_{sk}^d = \sum_{j=1}^{n} y_{sj}^d \lambda_j - w_s^d \\
& y_{qk}^u = \sum_{j=1}^{n} y_{qj}^u \lambda_j + w_q^u \\
& \lambda_j > 0 \quad j = 1, 2, \cdots, n \\
& w_i^- \geqslant 0 \quad i = 1, 2, \cdots, m \\
& w_s^d \geqslant 0 \quad s = 1, 2, \cdots, r_1 \\
& w_q^u \geqslant 0 \quad q = 1, 2, \cdots, r_2
\end{aligned}
\tag{4.4}
$$

式中，ρ 为被考察 DMU 的效率值，当且仅当 $\rho = 1$，即 $w^- = 0$，$w^d = 0$，$w^u = 0$ 时，DMU 为 DEA 有效；当 $\rho < 1$ 时，DMU 为 DEA 无效，可通过调整投入量、期望产出和非期望产出量来提升效率。如果设定 DMU 是效率有效的，则超效率 SBM 模型可表示如下：

$$\min\theta = \frac{\frac{1}{m}\sum_{i=1}^{m}(\bar{x}/x_{ik})}{1+\frac{1}{r_1+r_2}\left(\sum_{s=1}^{r_1}\overline{y^d}/y_{sk}^d+\sum_{q=1}^{r_2}\overline{y^u}/y_{qk}^u\right)}$$

$$\begin{aligned} \text{s.t.}\quad & \bar{x} \geqslant \sum_{j=1,j\neq k}^{n} x_{ij}\lambda_j \\ & \overline{y^d} \leqslant \sum_{j=1,j\neq k}^{n} y_{sj}^d\lambda_j \\ & \overline{y^u} \geqslant \sum_{j=1,j\neq k}^{n} y_{qj}^b\lambda_j \\ & \lambda_j > 0 \quad j = 1,2,\cdots,n \quad j \neq 0 \\ & \bar{x} \geqslant w_i^- \quad i = 1,2,\cdots,m \\ & \overline{y^d} \leqslant y_k^d \quad s = 1,2,\cdots,r_1 \\ & \overline{y^u} \geqslant w_q^u \quad q = 1,2,\cdots,r_2 \end{aligned} \tag{4.5}$$

4.2 指标选取和数据来源

4.2.1 指标选取

绿色经济效率是衡量区域经济发展的绿色化程度，是对综合考虑资源利用和环境污染的区域经济发展质量的评估。借鉴国内关于绿色经济效率评价指标体系的研究成果（如表 4-1 所示），本书主要从投入产出角度进行绿色经济效率的测算。

表 4-1 绿色经济效率评价指标体系文献汇总

作者	投入指标	产出指标
杨龙等[70]	年末从业人员数； 资本存量； 年末专利授权数量	绿色 GDP
汪克亮等[71]	年末从业人员数； 资本存量； 技术投入； 能源消费总量	期望产出：GDP； 非期望产出：SO_2 排放量
钱争鸣等[72] 王军等[73] 钱争鸣等[74] 叶仁道等[78]	当年与上年年末从业人数平均值； 折算成标准煤后的能源消耗总量； 资本存量	期望产出：GDP； 非期望产出：污染综合指数
吴翔[8]	地区从业人员数； 资本存量	绿色 GDP
于伟等[75]	年末常住人口数； 资本存量； 能源消耗量： 折算成标准煤后的能源消耗总量； 碳排放量	GDP
刘耀彬等[80]	年末从业人员数； 全社会固定资产投资； 年末专利授权量； 年末能源消费总量； 工业废水、SO_2、烟尘排放量	GDP
林晓等[77]	全社会从业人员数； 资本存量； 全社会用电量	期望产出：城市 GDP； 非期望产出：工业废水、烟尘、SO_2 排放量

（1）投入指标

投入指标具体可分为非资源投入指标和资源投入指标。非资源投入要素包括劳动力和资本投入，本书采用年末实际从业人员数表示劳动力投入；资本投入用资本存量度量，考虑到资本存量没有可供直接使用的现存数据，采用永续盘存法，要解决资本数量计算、折旧率的选取、当期投资指标的选取、投资平减四个问题，故采用全社会固定资产投资总额表示资本投入。资源投入要素主要为能源投入，目前国内大多数能源构成均来自一次性能源，因此，本书采用各类一次性能源消耗量加总以表示能源消耗总量。

（2）产出指标

产出指标分为期望产出、非期望产出两种。其中，期望产出代表绿色经济发展的期望成果，目前最常用、最直观反映产出水平的指标为 GDP，因而本书采用各地区 GDP 作为绿色经济发展的期望产出的衡量指标。非期望产出指标衡量经济发展过程中对环境造成的破坏程度，过去采用单一的环境污染排放物作为衡量指标，并不能完全反映我国经济发展对自然生态环境所产生的影响，因而本书利用各地区废水排放量、废气排放量、固体废弃物排放量数据，基于熵值法测算出环境污染综合指标，代表绿色经济发展的非期望产出。

4.2.2 数据来源

鉴于数据的可得性、完整性的原则，本书选取 2007—2016 年我国 30 个省份的统计数据。数据主要来自《中国统计年鉴》《中国人口和就业统计年鉴》《中国环境统计年鉴》《中国能源统计年鉴》，其中，个别年份缺失数据用线性插值法替代。

根据前文，由于统计数据没有对经济指标剔除价格膨胀因素，故对全社会固定资产投资总额和居民消费价格指数进行平减；各地区年末实际的从业人员数指标在统计年鉴中无法直接获取，故本书采用年末城镇单位就业人员数指标来替代；能源数据均利用国家公布的能源折合系数统计折算成标准煤，进行加总得到各地区能源消耗总量；“三废”排放量分别采用统计年鉴中的废水排放量、SO_2 排放量、生活垃圾清理量作为衡量指标。各指标的描述性统计见表 4-2。

表 4-2　绿色经济发展投入产出指标的统计描述

	最小值	最大值	平均值	标准差
年末城镇单位就业人员数（万人）	47.020 0	1 973.280 0	502.098 0	343.457 0
全社会固定资产投资总额（亿元）	482.840 0	42 660.305 9	10 038.483 5	7 753.427 1
能源消耗总量（万吨标准煤）	503.528 8	38 067.438 6	11 990.643 7	8 287.232 7
国内生产总值（亿元）	797.350 0	64 495.080 6	15 169.060 2	12 385.753 2
污染综合指数	0.004 3	0.103 3	0.033 3	0.020 5

可以看出，样本期间中国 30 个省份 GDP 最小值为 797.350 0 亿元，最大值为 64 495.080 6 亿元，说明我国区域经济发展极不均衡；从 30 个省份的环境污染综合指数看，最小值为 0.004 3，最大值为 0.103 3，表明中国环境污染状况的区域性差异十分明显；劳动力、资本和能源消耗三个指标数据的最小值和最大值间也存在较大差异，这进一步表明，以劳动力、资本和能源等为代表的自然禀赋条件在不同省份间也存在较大差距。

4.3　绿色经济效率测度结果与分析

4.3.1　绿色经济效率总体分析

根据非期望产出的 SBM 超效率模型，运用 DEA-SOLVER 软件分别测算研究期内中国 30 个省份的绿色经济效率值，同时，为了全面分析其与不考虑资源消耗和环境成本代价的传统经济效率的差异，本书也测算出不考虑能源投入和非期望产出的传统经济效率值。两种效率反映了在考虑和不考虑资源环境问题时的相对效果，也反映了 30 个省份经济效率的相对强弱，结果如表 4-3 和表 4-4 所示。

表 4-3　2007—2016 年我国 30 个省份绿色经济效率值

地区	2007	2008	2009	2010	2011	2012	2013	2014	2015	2016
北京	1.124 0	1.147 0	1.154 0	1.208 4	1.264 0	1.263 4	1.298 3	1.276 4	1.353 7	1.362 9
天津	1.096 2	1.135 7	1.155 9	1.164 0	1.193 2	1.179 6	1.182 0	1.181 9	1.171 9	1.171 1
河北	0.507 6	0.554 5	0.518 6	0.533 6	0.581 5	0.569 8	0.539 7	0.511 3	0.497 9	0.468 1
山西	0.318 1	0.360 2	0.304 0	0.316 7	0.339 9	0.339 5	0.320 4	0.296 9	0.277 9	0.254 5
内蒙古	0.383 4	0.484 1	0.500 4	0.521 6	0.556 6	0.551 2	1.048 2	1.030 2	1.018 5	0.512 2
辽宁	0.408 1	0.476 8	0.488 9	0.513 1	0.541 3	0.586 0	0.556 6	0.565 6	0.626 9	0.536 8
吉林	0.383 7	0.418 3	0.439 9	0.451 4	0.521 7	0.577 8	0.572 3	0.547 3	0.526 9	0.487 7
黑龙江	0.421 8	0.433 8	0.389 3	0.390 5	0.422 9	0.430 5	0.462 9	0.467 5	0.448 3	0.395 0
上海	1.022 5	1.019 1	1.018 0	1.052 6	1.097 2	1.110 1	1.136 2	1.119 0	1.128 8	1.123 1
江苏	1.158 1	1.069 6	1.082 0	1.069 6	1.123 5	1.139 2	0.756 5	0.726 4	0.737 7	0.724 3
浙江	0.775 1	0.790 2	0.740 3	0.773 6	0.708 1	0.708 1	0.738 8	0.666 4	0.657 4	0.648 4
安徽	0.437 2	0.454 4	0.454 2	0.483 8	0.519 1	0.558 8	0.512 2	0.500 4	0.499 5	0.499 1

（续表）

地区	2007	2008	2009	2010	2011	2012	2013	2014	2015	2016
福建	0.619 9	0.643 6	0.674 4	0.721 5	0.612 4	0.685 8	0.694 8	0.673 1	0.679 9	0.657 0
江西	0.520 5	0.531 8	0.511 9	0.525 4	0.547 7	0.565 7	0.549 9	0.519 3	0.486 5	0.471 0
山东	0.764 7	0.761 5	0.768 2	0.738 9	0.719 2	0.719 3	0.690 1	0.676 7	0.651 4	0.625 7
河南	0.474 5	0.485 4	0.470 5	0.471 8	0.474 1	0.506 6	0.471 8	0.449 0	0.431 4	0.426 0
湖北	0.474 3	0.511 5	0.510 5	0.514 9	0.520 5	0.582 7	0.606 1	0.594 7	0.583 8	0.561 8
湖南	0.492 8	0.554 6	0.546 7	0.575 4	0.605 2	0.682 3	0.685 3	0.687 5	0.681 7	0.678 4
广东	1.081 2	1.053 5	1.007 8	0.927 1	1.021 6	1.036 2	0.808 0	0.744 2	0.735 5	0.707 2
广西	0.441 5	0.468 8	0.464 5	0.459 6	0.545 6	0.565 0	0.578 8	0.565 7	0.566 2	0.542 5
海南	0.749 4	0.703 6	0.650 7	0.650 7	0.631 1	0.634 2	0.592 5	0.561 9	0.538 1	0.492 9
重庆	0.442 1	0.457 0	0.461 6	0.471 7	0.503 4	0.563 2	0.580 9	0.557 4	0.567 3	0.536 1
四川	0.489 6	0.500 9	0.460 0	0.505 7	0.575 0	0.631 9	0.568 6	0.561 7	0.571 3	0.524 8
贵州	0.279 0	0.306 2	0.300 2	0.285 5	0.295 2	0.311 7	0.333 4	0.339 5	0.351 9	0.330 0
云南	0.390 3	0.412 9	0.384 4	0.378 1	0.379 5	0.399 0	0.415 8	0.412 4	0.409 7	0.359 5
陕西	0.397 1	0.434 0	0.420 5	0.424 0	0.441 4	0.477 3	0.452 8	0.424 0	0.396 9	0.377 2
甘肃	0.360 3	0.349 5	0.326 0	0.309 0	0.321 8	0.334 8	0.318 5	0.300 7	0.273 8	0.257 9
青海	0.334 4	0.378 0	0.328 6	0.331 7	0.328 1	0.348 9	0.353 2	0.350 8	0.343 5	0.305 8
宁夏	0.243 4	0.281 1	0.286 0	0.282 1	0.318 1	0.313 2	0.329 6	0.320 7	0.314 8	0.306 5
新疆	0.363 5	0.370 7	0.325 9	0.337 6	0.320 0	0.316 6	0.311 8	0.297 0	0.270 9	0.249 4

表 4-4　2006—2017 年我国 30 个省份传统经济效率值

地区	2007	2008	2009	2010	2011	2012	2013	2014	2015	2016
北京	0.737 1	0.860 6	0.862 2	0.777 4	0.753 0	0.741 7	0.759 3	0.789 6	0.776 3	0.774 7
天津	0.659 2	0.824 3	0.815 7	0.834 3	0.775 3	0.797 6	1.030 7	1.104 6	0.999 3	1.063 3
河北	0.648 2	0.769 6	0.734 5	0.735 6	0.766 3	0.712 1	0.861 9	0.818 1	0.780 1	0.804 6
山西	0.615 8	0.611 9	0.490 2	0.512 1	0.583 0	0.554 9	0.613 3	0.584 0	0.561 2	0.541 8
内蒙古	0.563 7	0.788 1	0.826 3	0.865 3	0.903 3	0.896 3	1.144 6	1.090 6	1.055 4	0.987 9
辽宁	0.497 2	0.630 3	0.645 9	0.664 3	0.659 9	0.647 1	0.785 1	0.808 4	0.938 3	0.904 1

(续表)

地区	2007	2008	2009	2010	2011	2012	2013	2014	2015	2016
吉林	0.481 8	0.578 4	0.591 1	0.603 0	0.689 5	0.679 1	0.809 8	0.7874	0.774 3	0.740 8
黑龙江	0.733 3	0.671 7	0.559 3	0.498 6	0.585 0	0.573 5	0.686 3	0.745 1	0.739 8	0.696 8
上海	0.886 2	0.988 2	1.010 9	1.140 9	1.241 0	1.295 8	1.335 9	1.271 6	1.295 7	1.254 7
江苏	1.417 6	1.165 8	1.213 9	1.174 5	1.166 0	1.177 0	0.897 3	0.859 2	0.895 4	0.914 4
浙江	0.651 4	0.768 7	0.732 6	0.715 2	0.742 9	0.707 1	0.861 3	0.828 3	0.840 3	0.840 3
安徽	0.509 0	0.599 2	0.595 2	0.613 7	0.639 1	0.622 7	0.736 4	0.733 1	0.727 9	0.761 9
福建	0.630 9	0.637 2	0.673 8	0.649 8	0.649 2	0.641 1	0.785 1	0.774 6	0.771 1	0.768 4
江西	0.556 8	0.592 9	0.579 5	0.593 6	0.622 2	0.593 4	0.689 0	0.658 6	0.644 9	0.643 3
山东	0.682 2	0.840 8	0.833 7	0.812 5	0.803 7	0.797 2	0.921 5	0.909 8	0.925 9	0.909 9
河南	0.577 1	0.631 1	0.615 8	0.619 2	0.633 8	0.623 7	0.666 8	0.646 1	0.633 3	0.609 8
湖北	0.630 4	0.636 9	0.645 3	0.651 0	0.662 2	0.673 4	0.761 1	0.749 7	0.753 9	0.738 1
湖南	0.664 5	0.667 4	0.661 2	0.668 6	0.705 3	0.717 0	0.862 9	0.849 9	0.862 6	0.891 3
广东	1.209 6	1.160 6	1.023 3	0.945 3	1.032 0	1.065 0	0.881 4	0.897 1	0.898 3	0.882 3
广西	0.579 4	0.612 2	0.613 5	0.613 0	0.656 3	0.644 1	0.751 2	0.737 7	0.733 8	0.724 6
海南	0.730 2	0.629 4	0.548 3	0.546 4	0.597 1	0.586 1	0.679 6	0.670 1	0.680 3	0.657 2
重庆	0.492 3	0.591 1	0.598 0	0.589 0	0.586 9	0.605 7	0.706 8	0.701 4	0.720 3	0.731 7
四川	0.547 8	0.595 4	0.570 7	0.603 3	0.657 6	0.670 2	0.702 3	0.719 3	0.730 2	0.718 2
贵州	0.566 6	0.564 2	0.531 4	0.462 1	0.502 3	0.501 4	0.608 3	0.611 8	0.632 5	0.615 7
云南	0.505 9	0.499 9	0.491 8	0.479 9	0.536 5	0.528 1	0.625 3	0.628 6	0.623 7	0.589 6
陕西	0.493 1	0.546 2	0.544 2	0.556 7	0.594 7	0.597 9	0.662 1	0.649 3	0.641 9	0.621 1
甘肃	0.606 4	0.546 1	0.469 6	0.447 0	0.496 1	0.484 5	0.525 6	0.501 3	0.475 2	0.455 3
青海	0.483 0	0.545 4	0.496 5	0.504 0	0.495 6	0.491 7	0.600 4	0.591 5	0.572 0	0.569 7
宁夏	0.448 2	0.522 9	0.531 8	0.545 8	0.605 4	0.568 4	0.676 4	0.650 2	0.637 2	0.682 4
新疆	0.556 8	0.546 7	0.514 0	0.472 7	0.496 0	0.493 8	0.579 7	0.563 7	0.534 0	0.518 9

进一步分析我国绿色经济效率和传统经济效率的时间演变趋势，由图4-1可知，在整个研究期内：(1)绿色经济效率值与传统经济效率值存在明显差异，说明资源投入和环境污染指标的引入对我国绿色经济效率水平产生较大影响，同时也说明超效率SBM测算的效率值更加符合实际情况。(2)从时间趋势看，考虑资源利用和环境质量的绿色经济效率呈现波动下降趋势，其效率值由2007

年的 0.571 5 下降到 2016 年的 0.553 1,年均增长率为－0.24%;不考虑资源利用和环境质量的传统经济效率呈现增长趋势,并伴随小幅波动,其效率值由 2007 年的 0.645 4 增长到 2016 年的 0.753 8,年均增长率为 1.74%,高于考虑资源利用和环境质量的情况。总体上绿色经济效率要小于传统经济效率,且两种情况下的效率水平均有小幅波动。(3)考虑资源利用和环境质量的绿色经济效率在 2008 年、2012 年后分别出现小幅下降,其中 2008 年爆发的全球金融危机严重阻碍了我国绿色经济的发展,但随着我国各项经济刺激政策的出台,宏观经济出现复苏,绿色经济效率逐渐提升。传统经济效率在 2009 年、2012 年分别出现小幅下降;在 2007—2012 年,传统经济效率保持相对稳定,随着我国进入新一轮的经济增长,传统经济效率在 2012 年出现大幅上升,2013 年之后趋于稳定状态。这说明中国的绿色经济效率和传统经济效率均在波动中增长或降低,仍存在较大的提升和改善空间,且绿色经济效率波动的趋势证明我国资源利用、环境保护并未与经济发展达到高度协调。(4)考虑资源环境因素的绿色经济效率均值仅为 0.588 5,且低于不考虑资源环境因素的传统经济效率均值 0.710 1,可以认为,我国两种经济效率的总体水平均较低,都具有较大的发展潜力和提升空间。

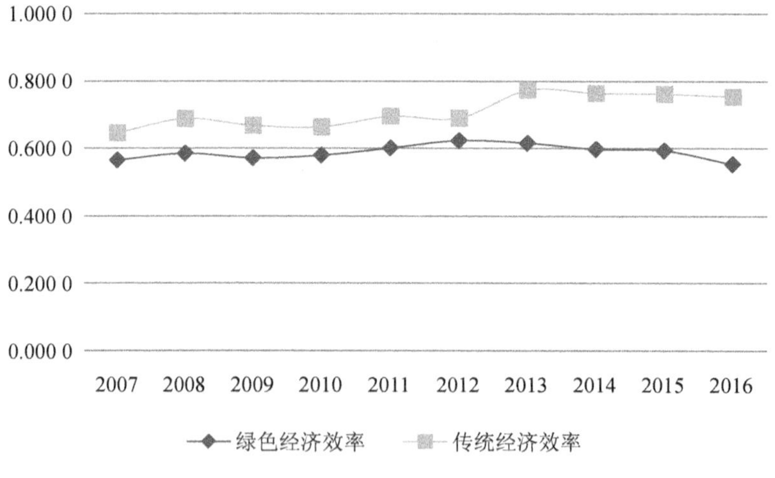

图 4-1　中国绿色经济效率和传统经济效率的变化趋势

4.3.2　省域绿色经济效率分析

根据表 4-5 可知,考虑资源投入和非期望产出情况下,(1)研究期内部分省份的绿色经济效率值均有小幅上升,其中,湖南省绿色经济效率年均增长率最高，达到3.62%，其次为内蒙古(3.27%)、辽宁(3.09%)、吉林(2.70%)、宁夏(2.59%)、广西(2.32%)、重庆(2.17%)、北京(2.16%)、湖北(1.90%)、贵州(1.88%)等，共15个省份绿色经济效率的年均增长率为正，表明这些省份绿色经济效率提升较快；另一部分省份的绿色经济效率有不同程度的下降，其中，江苏绿色经济效率年均增长率最低，仅为−5.08%，其次为广东(−4.61%)、海南(−4.55%)、新疆(−4.10%)、甘肃(−3.65%)等，共15个省份绿色经济效率的年均增长率为负，说明这些省份绿色经济效率总体呈下降趋势。(2)绿色经济效率均值排名靠前的省份有北京(1.245 2)、天津(1.163 2)、上海(1.082 7)、江苏(0.958 7)、广东(0.912 2)、浙江(0.720 6)、山东(0.711 6)、福建(0.666 2)、内蒙古(0.660 6)、海南(0.620 5)，这些省份绿色经济效率水平较高，其中东部、中部、西部省份的数量分别为9、0、1，北京、天津、上海3个省份历年绿色经济效率值均高于1，处于生产有效前沿面，说明在综合考虑资源消耗和环境代价后，这些省份的投入产出达到有效水平。北京、上海、广东作为中国经济发达的几个省份，资源匮乏、对外依赖程度高，在“十一五”“十二五”期间完成重大项目的投资和建设，在科技创新、产业结构、生产技术、环境质量等方面取得巨大成就，但并不意味着这些省份没有改进的空间，未来在环保技术开发应用和环境管理等方面还需进一步加强。绿色经济效率均值排名靠后的省份有宁夏(0.299 6)、山西(0.312 8)、贵州(0.313 3)、甘肃(0.315 2)、新疆(0.316 3)、青海(0.340 3)、云南(0.394 2)、陕西(0.424 5)、黑龙江(0.426 3)、河南(0.466 1)、安徽(0.491 9)，其中，东、中、西部地区省份的数量依次为0、3、7，这些省份的绿色经济效率水平较低，与最优生产前沿面均存在不同的差距，距离前沿面越远的省份的绿色经济效率越低。(3)在绿色经济效率非有效的27个省份中，浙江、山东、福建、内蒙古、海南、江苏、广东、湖南8个省份的绿色经济效率值均在0.6以上，且都高于全国平均水平，说明这些地区的绿色经济发展基本符合生态文明建设要求，但在协调经济发展与环境保护两者关系方面的投入不足；其余19个省份的绿色经济效率均低于全国平均水平，其中宁夏、山西、贵州、青海、云南等省份离最佳生产前沿面的距离较远，其绿色经济效率均值低于0.4，说明这些省份绿色发展情况相对较差，是我国加强环境污染治理所要重点关注的省份，未来在环境污染改善、产业结构调整、经济增长方式转变等方面仍需加大投入力度，以提升当地的绿色经济效率水平。

表 4-5　我国 30 个省份绿色经济效率的描述性统计

地区	均值	排名	标准差	最大值	最小值	年均增长率
北京	1.245 2	1	0.080 1	1.362 9	1.124 0	2.16%
天津	1.163 2	2	0.027 0	1.193 2	1.096 2	0.74%
河北	0.528 3	15	0.032 8	0.581 5	0.468 1	−0.90%
山西	0.312 8	29	0.029 6	0.360 2	0.254 5	−2.45%
内蒙古	0.660 6	9	0.247 5	1.048 2	0.383 4	3.27%
辽宁	0.530 0	14	0.058 6	0.626 9	0.408 1	3.09%
吉林	0.492 7	19	0.063 6	0.577 8	0.383 7	2.70%
黑龙江	0.426 3	22	0.026 9	0.467 5	0.389 3	−0.73%
上海	1.082 7	3	0.046 5	1.136 2	1.018 0	1.05%
江苏	0.958 7	4	0.183 8	1.158 1	0.724 3	−5.08%
浙江	0.720 6	6	0.048 8	0.790 2	0.648 4	−1.96%
安徽	0.491 9	20	0.034 2	0.558 8	0.437 2	1.48%
福建	0.666 2	8	0.031 9	0.721 5	0.612 4	0.65%
江西	0.523 0	16	0.027 2	0.565 7	0.471 0	−1.10%
山东	0.711 6	7	0.047 0	0.768 2	0.625 7	−2.20%
河南	0.466 1	21	0.023 1	0.506 6	0.426 0	−1.19%
湖北	0.546 1	12	0.042 7	0.606 1	0.474 3	1.90%
湖南	0.619 0	11	0.069 2	0.687 5	0.492 8	3.62%
广东	0.912 2	5	0.140 6	1.081 2	0.707 2	−4.61%
广西	0.519 8	17	0.051 4	0.578 8	0.441 5	2.32%
海南	0.620 5	10	0.072 8	0.749 4	0.492 9	−4.55%
重庆	0.514 1	18	0.050 2	0.580 9	0.442 1	2.17%
四川	0.539 0	13	0.048 8	0.631 9	0.460 0	0.77%
贵州	0.313 3	28	0.023 2	0.351 9	0.279 0	1.88%
云南	0.394 2	24	0.017 9	0.415 8	0.359 5	−0.91%
陕西	0.424 5	23	0.027 8	0.477 3	0.377 2	−0.57%
甘肃	0.315 2	27	0.030 0	0.360 3	0.257 9	−3.65%

(续表)

地区	均值	排名	标准差	最大值	最小值	年均增长率
青海	0.340 3	25	0.018 3	0.378 0	0.305 8	−0.99%
宁夏	0.299 6	30	0.024 8	0.329 6	0.243 4	2.59%
新疆	0.316 3	26	0.035 6	0.370 7	0.249 4	−4.10%

根据表4-6，在不考虑资源投入和非期望产出情况下，(1)30个省份传统经济效率的变化趋势与考虑资源利用效率和环境质量时类似，大部分省份的绿色经济效率均有不同程度的提升，其中提升速度最快的为辽宁，年均增长率达到6.87%，其次为内蒙古(6.43%)、天津(5.46%)、吉林(4.90%)、宁夏(4.78%)、安徽(4.58%)、重庆(4.50%)、上海(3.94%)、湖南(3.32%)、山东(3.25%)，说明这些省份的传统经济效率总体呈上升趋势，不断接近生产的最优前沿面，投入冗余持续减少；少数省份的绿色经济效率存在不同程度的下降，其中江苏下降最快，年均增长率为−4.75%，其次为广东(−3.45%)、甘肃(−3.13%)、山西(−1.41%)、海南(−1.16%)、新疆(−0.78%)、黑龙江(−0.57%)，说明这些省份的传统经济效率水平呈下降趋势，与最优生产前沿面的距离持续拉大，距离前沿面越远的省份的传统经济效率越低。(2)传统经济效率均值排名靠前的有上海(1.172 1)、江苏(1.088 1)、广东(0.999 5)、内蒙古(0.912 1)、天津(0.890 4)、山东(0.843 7)、北京(0.783 2)、浙江(0.768 8)、河北(0.763 1)、湖南(0.755 1)，其中，上海、江苏、广东、内蒙古、天津等省份部分年份传统经济效率为1，达到最优生产前沿面；传统经济效率均值排名靠后的有甘肃(0.500 7)、新疆(0.527 6)、青海(0.535 0)、云南(0.550 9)、贵州(0.559 6)、山西(0.566 8)、宁夏(0.586 9)、陕西(0.590 7)、江西(0.617 4)、河南(0.625 7)，说明这些省份传统经济效率均存在不同程度的效率损失。

表4-6 我国30个省份传统经济效率的描述性统计

地区	均值	排名	标准差	最大值	最小值	年均增长率
北京	0.783 2	7	0.044 4	0.862 2	0.737 1	0.55%
天津	0.890 4	5	0.147 5	1.104 6	0.659 2	5.46%
河北	0.763 1	9	0.059 8	0.861 9	0.648 2	2.43%
山西	0.566 8	25	0.043 2	0.615 8	0.490 2	−1.41%
内蒙古	0.912 1	4	0.169 6	1.144 6	0.563 7	6.43%
辽宁	0.718 1	11	0.136 9	0.938 3	0.497 2	6.87%
吉林	0.673 5	14	0.107 5	0.809 8	0.481 8	4.90%

（续表）

地区	均值	排名	标准差	最大值	最小值	年均增长率
黑龙江	0.648 9	18	0.087 7	0.745 1	0.498 6	−0.57%
上海	1.172 1	1	0.156 9	1.335 9	0.886 2	3.94%
江苏	1.088 1	2	0.185 0	1.417 6	0.859 2	−4.75%
浙江	0.768 8	8	0.070 5	0.861 3	0.651 4	2.87%
安徽	0.653 8	16	0.082 0	0.761 9	0.509 0	4.58%
福建	0.698 1	12	0.067 1	0.785 1	0.630 9	2.22%
江西	0.617 4	22	0.041 0	0.689 0	0.556 8	1.62%
山东	0.843 7	6	0.076 4	0.925 9	0.682 2	3.25%
河南	0.625 7	21	0.023 6	0.666 8	0.577 1	0.61%
湖北	0.690 2	13	0.053 7	0.761 1	0.630 4	1.77%
湖南	0.755 1	10	0.098 2	0.891 3	0.661 2	3.32%
广东	0.999 5	3	0.119 0	1.209 6	0.881 4	−3.45%
广西	0.666 6	15	0.064 1	0.751 2	0.579 4	2.52%
海南	0.632 5	19	0.061 5	0.730 2	0.546 4	−1.16%
重庆	0.632 3	20	0.078 2	0.731 7	0.492 3	4.50%
四川	0.651 5	17	0.067 5	0.730 2	0.547 8	3.06%
贵州	0.559 6	26	0.058 3	0.632 5	0.462 1	0.93%
云南	0.550 9	27	0.059 9	0.628 6	0.479 9	1.71%
陕西	0.590 7	23	0.054 7	0.662 1	0.493 1	2.60%
甘肃	0.500 7	30	0.048 0	0.606 4	0.447 0	−3.13%
青海	0.535 0	28	0.045 6	0.600 4	0.483 0	1.85%
宁夏	0.586 9	24	0.076 3	0.682 4	0.448 2	4.78%
新疆	0.527 6	29	0.034 5	0.579 7	0.472 7	−0.78%

根据表 4-7、表 4-8、表 4-9，将 30 个省份绿色经济效率均值和传统经济效率均值及其排名进行对比发现，部分省份在考虑和不考虑资源、环境因素情况下的效率排名存在明显差异，(1)海南绿色经济效率排名较传统经济效率排名上升幅度最大，上升了 9 名，其次为江西(6)、北京(6)、四川(4)、福建(4)、新疆(3)、青海(3)、甘肃(3)、云南(3)、天津(3)、重庆(2)、浙江(2)、湖北(1)，共 13 个省份，这说明这些省份在考虑了资源投入和环境污染因素之后，绿色经济效率水平与其

他省份相比均出现不同程度的改善，且西部地区省份为6个，东部4个，中部3个。（2）河北、宁夏绿色经济效率排名较传统经济效率排名下降幅度最大，均下降了6名，其次为内蒙古（5）、吉林（5）、山西（4）、黑龙江（4）、安徽（4）、辽宁（3）、上海（2）等共计15个省份排名下降，说明这些省份在将资源环境因素纳入经济效率评价后，绿色经济效率水平与其他省份相比均出现不同程度的恶化，且东部地区省份为6个，中部为5个，西部为4个。（3）北京、上海、天津3个经济发达省份的绿色经济效率和传统经济效率的排名均居前列，这些省份均位于东部经济发达地区，产业优化升级迅速，居民环保意识普遍较强，因此，在综合考虑资源消耗和环境污染后，其绿色经济效率在全国仍处于较高水平；甘肃、云南、青海、宁夏、新疆等省份绿色经济效率和传统经济效率的排名均较低，这些省份位于西部经济欠发达地区，资源密集型产业比重较高，且当地生态环境较为脆弱，因而在综合考虑资源消耗和环境代价之后，这些省份的绿色经济效率在全国仍然处于较低水平。综上分析，传统经济效率指标体系忽略了当地的资源禀赋与环境质量，只考虑经济数量的增长，所以，得到的经济效率值是片面的、不科学的。而绿色经济效率是在考虑资源环境因素后得到的综合经济效率，能客观、准确地衡量地区经济发展绩效。

表4-7　我国30个省份绿色经济效率排名情况

地区	2007	2008	2009	2010	2011	2012	2013	2014	2015	2016
北京	2	1	2	1	1	1	1	1	1	1
天津	3	2	1	2	2	2	2	2	2	2
河北	11	11	11	11	11	15	19	19	19	20
山西	28	27	28	27	25	26	28	30	28	29
内蒙古	24	16	14	13	13	20	4	4	4	15
辽宁	20	17	15	15	16	12	17	13	11	12
吉林	23	23	21	21	17	14	15	17	17	18
黑龙江	19	22	23	23	23	23	22	21	21	22
上海	5	5	4	4	4	4	3	3	3	3
江苏	1	3	3	3	3	3	6	6	5	4
浙江	6	6	7	6	7	7	7	10	9	8
安徽	18	20	20	17	19	19	20	20	18	16
福建	9	9	8	8	9	8	8	9	8	7

（续表）

地区	2007	2008	2009	2010	2011	2012	2013	2014	2015	2016
江西	10	12	12	12	14	16	18	18	20	19
山东	7	7	6	7	6	6	9	8	10	9
河南	14	15	16	18	21	21	21	22	22	21
湖北	15	13	13	14	18	13	11	11	12	10
湖南	12	10	10	10	10	9	10	7	7	6
广东	4	4	5	5	5	5	5	5	6	5
广西	17	18	17	20	15	17	14	12	15	11
海南	8	8	9	9	8	10	12	14	16	17
重庆	16	19	18	19	20	18	13	16	14	13
四川	13	14	19	16	12	11	16	15	13	14
贵州	29	29	29	29	30	30	26	26	25	25
云南	22	24	24	24	24	24	24	24	23	24
陕西	21	21	22	22	22	22	23	23	24	23
甘肃	26	28	26	28	27	27	29	28	29	28
青海	27	25	25	26	26	25	25	25	26	27
宁夏	30	30	30	30	29	29	27	27	27	26
新疆	25	26	27	25	28	28	30	29	30	30

表 4-8　我国 30 个省份传统经济效率排名情况

地区	2007	2008	2009	2010	2011	2012	2013	2014	2015	2016
北京	4	4	4	7	8	7	14	11	11	11
天津	9	6	7	5	6	5	3	2	3	2
河北	11	8	8	8	7	9	8	9	10	10
山西	14	18	29	24	25	25	26	28	28	28
内蒙古	19	7	6	4	4	4	2	3	2	3
辽宁	25	15	12	11	13	14	12	10	4	6
吉林	29	23	18	18	11	11	10	12	12	14
黑龙江	5	10	21	26	24	23	20	15	15	19
上海	3	3	3	2	1	1	1	1	1	1

（续表）

地区	2007	2008	2009	2010	2011	2012	2013	2014	2015	2016
江苏	1	1	1	1	2	2	5	6	7	4
浙江	10	9	9	9	9	10	9	8	9	9
安徽	23	19	17	15	17	18	16	17	18	13
福建	12	12	10	13	16	16	11	13	13	12
江西	20	21	19	19	19	21	19	21	21	22
山东	7	5	5	6	5	6	4	4	5	5
河南	17	14	14	14	18	17	23	24	24	25
湖北	13	13	13	12	12	12	13	14	14	15
湖南	8	11	11	10	10	8	7	7	8	7
广东	2	2	2	3	3	3	6	5	6	8
广西	16	17	15	16	15	15	15	16	16	17
海南	6	16	22	22	21	22	21	20	20	21
重庆	27	22	16	20	23	19	17	19	19	16
四川	22	20	20	17	14	13	18	18	17	18
贵州	18	24	25	29	27	27	27	26	25	24
云南	24	30	28	27	26	26	25	25	26	26
陕西	26	26	23	21	22	20	24	23	22	23
甘肃	15	27	30	30	28	30	30	30	30	30
青海	28	28	27	25	30	29	28	27	27	27
宁夏	30	29	24	23	20	24	22	22	23	20
新疆	21	25	26	28	29	28	29	29	29	29

表4-9　我国30个省份绿色经济效率与传统经济效率水平及排名的变化

地区	效率变化	排名变化	地区	效率变化	排名变化
北京	0.589 9	−6	河南	−0.255 0	0
天津	0.306 3	−3	湖北	−0.208 8	−1
河北	−0.307 7	6	湖南	−0.180 2	1
山西	−0.448 1	4	广东	−0.087 3	2
内蒙古	−0.275 7	5	广西	−0.220 2	2

（续表）

地区	效率变化	排名变化	地区	效率变化	排名变化
辽宁	−0.261 9	3	海南	−0.018 9	−9
吉林	−0.268 5	5	重庆	−0.187 0	−2
黑龙江	−0.343 2	4	四川	−0.172 8	−4
上海	−0.076 3	2	贵州	−0.440 2	2
江苏	−0.118 9	2	云南	−0.284 6	−3
浙江	−0.062 7	−2	陕西	−0.281 4	0
安徽	−0.247 7	4	甘肃	−0.370 4	−3
福建	−0.045 7	−4	青海	−0.363 9	−3
江西	−0.153 0	−6	宁夏	−0.489 6	6
山东	−0.156 6	1	新疆	−0.400 5	−3

4.3.3 区域绿色经济效率分析

根据图 4-2 看出，对比东部、中部、西部地区绿色经济效率的发展趋势发现，2007—2012 年，三大地区绿色经济效率处于波动上升的趋势，在 2012 年之后出现小幅下降。总体上我国三大地区绿色经济效率均呈现下降态势，且与全国平均绿色经济效率的变化趋势基本一致。这就要求我国在“十四五”期间要进一步推动各地区完成节能减排目标，采取法律、经济乃至行政手段落实节能减排工作，不断提高各地区的环境监管力度。

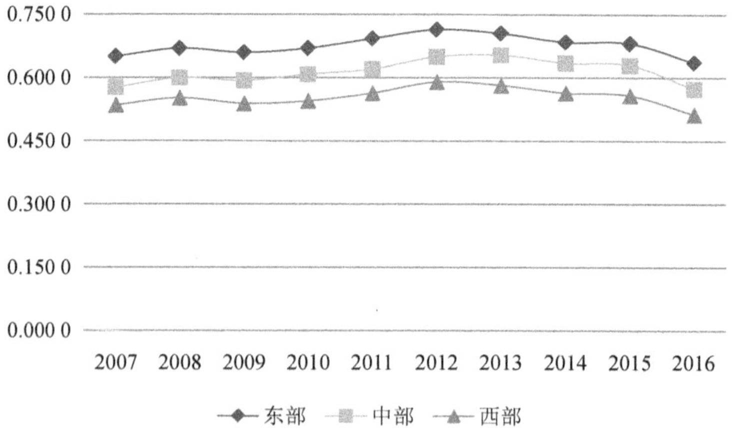

图 4-2　中国三大区域的绿色经济效率均值

根据表4-10和图4-3发现，研究期内，东部地区历年绿色经济效率均值处于0.63～0.72，中部地区历年绿色经济效率均值处于0.57～0.66，西部地区历年绿色经济效率均值处于0.51～0.59，三大地区绿色经济效率均值分别为0.676 1、0.613 9、0.554 0，东部绿色经济效率明显高于中西部，中部次之，西部最低。这一测算结果与钱争鸣等人的研究结果基本一致，由此可见，中国绿色经济效率的省际差异非常明显，呈现出东部、中部、西部依次递减的规律。这一空间分布与区域经济发展存在明显趋同性，东部凭借早期经济发展中积累的资本、人才和技术优势，重视环保技术的引进和开发，工业污染排放量持续降低，最终实现目前普遍较高的绿色经济效率；中部地区在国家“中部崛起”发展战略引导下，注重高能耗、高污染的重工业发展，且由于资本和技术限制以及环境制度的松懈，在为当地带来经济高速增长的同时，环境问题日益显现，最终导致绿色经济效率偏低；西部地区经济发展程度远低于东中部地区，且工业化发展缓慢，污染排放量明显低于东中部地区，整体绿色经济效率水平低于中部地区。

表4-10　中国三大区域的绿色经济效率和传统经济效率

	绿色经济效率			传统经济效率		
	东部	中部	西部	东部	中部	西部
2007	0.650 2	0.577 0	0.534 9	0.698 2	0.673 2	0.642 4
2008	0.669 4	0.599 7	0.552 0	0.746 0	0.720 6	0.675 3
2009	0.659 6	0.593 3	0.538 9	0.727 2	0.711 6	0.658 4
2010	0.669 7	0.608 1	0.544 9	0.725 4	0.718 8	0.655 2
2011	0.692 7	0.620 6	0.563 5	0.755 5	0.752 4	0.690 8
2012	0.713 9	0.649 6	0.589 9	0.749 8	0.746 6	0.687 8
2013	0.704 8	0.653 5	0.581 8	0.834 3	0.837 1	0.767 0
2014	0.683 9	0.634 7	0.563 8	0.824 5	0.819 8	0.755 2
2015	0.680 9	0.629 1	0.557 6	0.823 2	0.828 0	0.759 2
2016	0.635 5	0.573 4	0.512 9	0.814 8	0.813 6	0.747 2

进一步分析三大地区传统经济效率发现，样本期间东部地区传统经济效率均值处于0.69～0.84，中部地区传统经济效率均值处于0.67～0.84，西部地区传统经济效率均值处于0.64～0.77。三大地区传统经济效率均值分别为0.769 9、0.762 2、0.703 9，东部的效率略高于中部，西部最低，整体上呈现出东部、中部、西部地区逐渐降低。不难理解，东部地区凭借技术、人才、地理位置等优势，

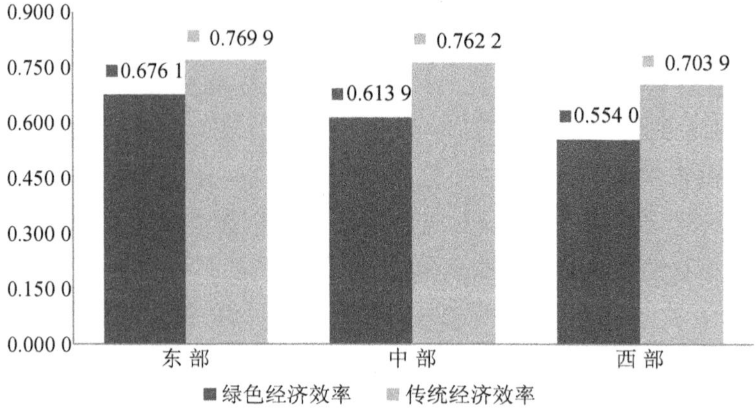

图 4-3　中国三大区域绿色经济效率和传统经济效率均值

在先进技术引进、生产设备更新、产业结构优化等方面明显优于中西部地区，而中西部地区经济发展起步晚，主要依靠自然资源消耗来促进经济发展，生产技术水平远低于东部地区，导致经济效率水平低于东部地区。

对区域绿色经济效率和传统经济效率进行对比，可以看出，东、中、西部地区绿色经济效率始终低于传统经济效率，这表明在考虑资源环境因素后，东、中、西部地区的效率水平均出现不同程度的下降，即传统的效率评估指标高估了三大地区的效率水平。东部地区凭借在人才、技术、资金等方面的优势，在发展经济的同时降低了污染治理力度，在节能减排方面取得的效果不显著；中部地区长期以来在利用自身能源资源优势迅速发展经济的同时，忽视了资源节约和环境保护，造成经济发展的环境代价不断加重；西部地区经济发展缓慢，在考虑环境污染因素后，使得绿色经济效率水平低于传统经济效率水平。此外，在考虑资源投入和非期望产出后，中部和西部地区绿色经济效率下降的幅度明显大于东部地区，这也说明西部地区和中部地区是我国加强环境污染治理所要重点关注的区域。因此，中部地区要重视节能减排以及产业结构优化，及时解决环境污染所造成的负面影响；西部地区政府要在经济发展、科技进步及对外开放等方面加大投入力度，在追求经济总量增长的同时，坚持走有中国特色的绿色经济发展道路，全面提升绿色经济效率水平。

4.3.4　绿色经济效率的聚类分析

为了进一步验证绿色经济效率的空间分布是否存在一定的规律，绿色经济效率与环境污染综合指数的空间分布格局是否存在完全的对应关系，通过解决这些问题，将对我国顺利推行节能减排工作和实现绿色经济发展具有重要意义。

运用 SPSS 22.0 软件对 30 个省份历年的环境污染综合指数和绿色经济效率分别进行 K 均值聚类，将全部数据分为绿色经济效率高效区、中效区、低效区以及环境污染指数高值区、中值区、低值区，结果见表 4-11 和表 4-12。首先依据 30 个省份绿色经济效率水平的高低进行聚类分析。研究发现，北京、天津、上海、江苏、广东 5 个省份的绿色经济效率属于高效区；内蒙古、浙江、福建、山东、湖南、海南 6 个省份的绿色经济效率属于中效区，仍有较大的提升与发展空间；河北、山西、辽宁、吉林、黑龙江、安徽、江西、河南、湖北、广西等 19 个省份处于低效区，其效率损失程度较大，也是我国重点推行环境污染治理的地区。总体上，绿色经济效率高效区的省份均分布在东部沿海地区；绿色经济效率中效区中，这些省份主要分布在东部和西部地区；绿色经济效率低效区则主要由中部地区和部分西部地区组成。由此可见，我国区域绿色经济效率呈现出一定的地域特征。

表 4-11 绿色经济效率的聚类分析

效率聚类	地区
绿色经济效率高效区	北京、天津、上海、江苏、广东
绿色经济效率中效区	内蒙古、浙江、福建、山东、湖南、海南
绿色经济效率低效区	河北、山西、辽宁、吉林、黑龙江、安徽、江西、河南、湖北、广西、重庆、四川、贵州、云南、陕西、甘肃、青海、宁夏、新疆

表 4-12 环境污染综合指数的聚类分析

指数聚类	地区
环境污染综合指数高值区	江苏、山东、广东
环境污染综合指数中值区	河北、山西、内蒙古、辽宁、黑龙江、上海、浙江、安徽、福建、河南、湖北、湖南、广西
环境污染综合指数低值区	北京、天津、吉林、云南、陕西、甘肃、江西、海南、重庆、四川、贵州、青海、宁夏、新疆

根据 30 个省份环境污染综合指数的高低，本书也对所有地区污染综合指数进行聚类分析。研究发现，区域绿色经济效率和环境污染综合指数的空间分布格局并非表现出完全的对应性关系。相对来说，30 个省份绿色经济效率的聚类偏态性更为强烈，尤其是属于低效区的省份有 19 个，占省份总数的 63.3%；环境污染综合指数中值区和低值区共占省份总数的 90%，仅有江苏、山东、广东属于环境污染综合指数高值区。陕西、青海、新疆、甘肃、吉林、江西、重庆、四川属于环境污染综合指数低值区，其绿色经济效率也属于低效区；北京、天津却与之

相反，其环境污染综合指数属于低值区，但其绿色经济效率属于高效区；广东省绿色经济效率属于高效区，其环境污染指数也属于高值区，这说明污染程度低的省份其绿色经济效率可能较低，污染程度高的省份其绿色经济效率也可能较高。因此，我国在推行绿色经济发展的过程中，不仅要关注各地区的环境污染程度，还要结合其绿色经济效率水平进行综合分析，这样有助于科学制定环境保护管理制度，全面提升绿色经济发展水平。同时，聚类结果的差异还证明环境污染综合指数的高低并不能反映效率水平，而绿色经济效率能够反映各地区绿色经济发展的动态绩效，这对环保政策制定具有较高的参考价值。

4.4 本章小结

本书利用各地区环境污染综合指数作为非期望产出，测算出考虑资源投入和非期望产出的绿色经济效率，并与忽略资源环境因素的传统经济效率进行对比分析，研究发现：(1)绿色经济效率水平与传统经济效率水平存在明显差异。样本期间绿色经济效率均呈下降的趋势，传统经济效率呈增长的趋势，且绿色经济效率水平低于传统经济效率水平。资源投入和环境污染指标的引入对我国绿色经济效率产生较大影响，采用超效率 SBM 测算的绿色经济效率更加符合我国现实情况。(2)省域绿色经济效率存在明显差异。研究期内，湖南、内蒙古、辽宁、吉林、宁夏等 15 个省份绿色经济效率值均有增长态势，江苏、广东、海南、新疆、甘肃等 15 个省份总体出现下降趋势。绿色经济效率排名靠前的省份有北京、天津、上海、江苏、广东等；绿色经济效率排名靠后的省份有宁夏、山西、贵州、甘肃、新疆等。(3)部分省份在考虑和不考虑资源环境因素情况下的效率排名存在明显差异。海南、江西、北京、四川、福建等 13 个省份绿色经济效率排名较传统经济效率排名有所上升，且多数省份位于西部地区；河北、宁夏、内蒙古、吉林、山西等 15 个省份排名下降，且这些省份在三大区域中分布较为均匀。(4)绿色经济效率的区域差异明显。绿色经济效率总体表现为东、中、西部地区依次递减，且与传统经济效率相比，三大地区绿色经济效率均有下降。从时间趋势看，三大区域的绿色经济效率整体呈下降态势，其间受外部政策或经济因素影响出现小幅波动。进一步研究发现，绿色经济效率高效区主要由东部沿海省份组成，绿色经济效率中效区和低效区则主要由中西部省份组成，且绿色经济效率分布情况与环境污染分布情况在空间上并非呈现一定的对应关系。

第 5 章

中国绿色全要素生产率分析

5.1 测度方法选取

采用超效率 SBM 模型测算出的绿色经济效率是针对某一时间的生产技术而言的，其本质是一种静态效率分析。由于生产技术在较长一段时间内是不断发生变化的，因而需要借助动态效率分析方法进行考察[158]。在实际的研究中，反映生产率变化情况的效率指数有 Malmquist 指数（M 指数）、Passche 指数、Fisher 指数、Laspeyres 指数等[159]。当决策单元包含多个时间点观测的面板数据时，Malmquist 生产率指数模型可辅以距离函数的概念，分析其变化状况以及技术效率、技术进步在生产率变化中的作用，以弥补静态评价模型无法对面板数据进行分析的缺陷[160]。

M 指数最初由经济学家 Sten Malmquist 在 1953 年提出，用于研究不同时期的消费变化[161]。之后他又引入缩放因子的概念，运用缩放因子在不同时期的比值来构造消费数量指数，以衡量消费的变动情况。Caves 等[162]于 1982 年将 Malmquist 消费指数和生产率评价相结合，借助 Shephard 距离函数，最终形成 M 生产率指数。1978 年 DEA 方法的出现，使得 Malmquist 生产率指数的测算成为现实，该指数逐渐在不同领域生产率分析中得到广泛运用。在实证分析中，为了避免参照技术前沿的随意性，Fare 等[163]建立了 DEA-Malmquist 指数模型，它分别参考两个相邻周期的生产可能集，计算出两个生产率指数，并取其几何均值作为决策单元的 Malmquist 指数，其数学表达式为：

$$M(x^{t+1},y^{t+1};x^t,y^t)=\left[\frac{D^t(x^{t+1},y^{t+1})}{D^t(x^t,y^t)}\times\frac{D^{t+1}(x^{t+1},y^{t+1})}{D^{t+1}(x^t,y^t)}\right]^{1/2} \tag{5.1}$$

其中，M 指数反映相邻两个时期的效率变化，其大于 1 时，表明 $t+1$ 期的生产效率较 t 期有所增加；等于 1 时，表明生产效率从 t 到 $t+1$ 期没有变化；小于 1

时，表明 $t+1$ 期的生产效率相对 t 期有所降低。

Fare 等[164]又将 M 指数分解为：技术效率（TE）和技术进步（TC）两部分。在规模报酬可变情况下，技术效率又可分解为纯技术效率（PTEC）和规模效率（SC）。具体表示为：

$$\begin{aligned} M(x^{t+1},y^{t+1};x^t,y^t) &= \left[\frac{D^t(x^{t+1},y^{t+1})}{D^t(x^t,y^t)} \times \frac{D^{t+1}(x^{t+1},y^{t+1})}{D^{t+1}(x^t,y^t)}\right]^{1/2} \\ &= \frac{D^{t+1}(x^{t+1},y^{t+1})}{D^t(x^t,y^t)}\left[\frac{D^t(x^{t+1},y^{t+1})}{D^{t+1}(x^{t+1},y^{t+1})} \times \frac{D^t(x^t,y^t)}{D^{t+1}(x^t,y^t)}\right]^{1/2} \\ &= TE \times TC = PTEC \times SC \times TC \end{aligned} \tag{5.2}$$

Malmquist 生产率指数主要通过数据包络分析的非参数法来测算，反映在社会经济活动中资源利用效率的动态变化。与传统方法相比，该方法不需预先假设函数的具体形式，采用距离函数进行计算，不考虑价格因素；不需假定所有生产者完全有效，允许存在生产无效率；不需假设生产者行为目标，如投入最小化或产出最大化；可将全要素生产率分解为技术效率和技术进步。综上，本书采用 Malmquist 方法探究影响绿色全要素生产率（GTFP）和传统全要素生产率（TTFP）变动的主要因素。

5.2 变量选取与数据来源

本书选取中国 30 个省份作为基本生产单元，同时，为了便于将全要素生产率与经济效率的计算结果相互比较，本书中的投入产出指标与上文中用于计算绿色经济效率时的指标基本相同。因此，本书以劳动力、资本、能源为投入变量，相对绿色 GDP 为产出变量，时间跨度为 2007—2016 年。

投入指标方面，采用年末各省份城镇单位就业人员数来衡量劳动力投入。资本投入选择全社会固定资产投资总额来表示，并用各地区的居民消费价格指数进行平减。采用一次性能源数据，折算成标准煤后加总得到各地区能源消耗总量，即能源投入。产出指标方面，本书将国内生产总值与环境污染综合指数的比值定义为相对绿色 GDP，其中，各省份 GDP 用居民消费价格指数进行平减，环境污染综合指数在前文已采用熵值法计算得到。相对绿色 GDP 代表单位环境污染所得到的地区生产总值，反映该地区经济增长的环境成本代价。数据主要来源于《中国统计年鉴》《中国环境统计年鉴》《中国能源统计年鉴》，对于少数年份的缺失数据，用线性插值法进行替代。

5.3　绿色全要素生产率测度结果与分析

本书利用 M 指数测算我国 30 个省份历年的绿色全要素生产率。同时，为了全面考察我国绿色全要素生产率情况，将其与以地区生产总值为产出指标的传统全要素生产率进行对比分析，结果见表 5-1 和表 5-2。表 5-3 和表 5-4 分别为 30 个省份绿色全要素生产率和传统全要素生产率及其分解指数的排名情况。

表 5-1　我国 30 个省份绿色全要素生产率及其分解指数

地区	TE	TC	PTEC	SC	GTFP
北京	1.139	0.910	1.025	1.112	1.036
天津	1.024	1.035	1.000	1.024	1.060
河北	1.000	1.031	0.985	1.016	1.031
山西	1.005	0.928	1.028	0.978	0.933
内蒙古	1.027	1.033	1.022	1.005	1.061
辽宁	1.155	1.020	1.162	0.994	1.179
吉林	1.052	1.029	1.052	1.000	1.083
黑龙江	1.095	0.905	1.078	1.016	0.991
上海	1.152	0.943	1.129	1.021	1.086
江苏	0.934	0.997	0.927	1.008	0.932
浙江	1.026	0.947	1.014	1.012	0.971
安徽	1.014	1.032	1.011	1.003	1.046
福建	1.029	0.967	1.039	0.990	0.995
江西	0.978	1.036	0.975	1.003	1.013
山东	0.985	1.028	0.958	1.028	1.013
河南	1.001	0.993	1.003	0.998	0.995
湖北	1.032	1.022	1.034	0.998	1.054
湖南	1.061	1.026	1.064	0.997	1.088
广东	1.031	0.937	1.015	1.016	0.965
广西	1.089	1.033	1.053	1.034	1.125

（续表）

地区	TE	TC	PTEC	SC	GTFP
海南	1.000	0.960	1.000	1.000	0.960
重庆	1.000	1.021	0.997	1.003	1.021
四川	1.004	1.009	1.005	1.000	1.014
贵州	1.014	0.930	0.968	1.047	0.943
云南	0.958	0.959	0.972	0.986	0.919
陕西	1.008	1.028	1.005	1.003	1.036
甘肃	0.989	0.941	0.995	0.994	0.931
青海	0.990	1.017	1.000	0.990	1.008
宁夏	1.031	1.031	1.001	1.030	1.063
新疆	0.997	0.911	1.022	0.975	0.908

表 5-2　我国 30 个省份传统全要素生产率及其分解指数

地区	TE	TC	PTEC	SC	TTFP
北京	1.006	1.024	1.004	1.001	1.029
天津	1.047	0.986	1.029	1.018	1.033
河北	1.024	0.984	1.026	0.998	1.008
山西	0.986	0.990	0.985	1.001	0.976
内蒙古	1.064	0.994	1.050	1.014	1.058
辽宁	1.069	0.987	1.063	1.005	1.055
吉林	1.049	0.982	1.033	1.015	1.030
黑龙江	0.994	0.984	0.993	1.001	0.978
上海	1.014	1.009	1.008	1.006	1.022
江苏	0.990	0.978	1.000	0.990	0.968
浙江	1.029	0.986	1.035	0.994	1.014
安徽	1.046	0.984	1.038	1.008	1.030
福建	1.022	0.989	1.023	0.999	1.011
江西	1.016	0.983	1.000	1.016	0.999

（续表）

地区	TE	TC	PTEC	SC	TTFP
山东	1.033	0.979	1.043	0.990	1.011
河南	1.006	0.980	1.009	0.997	0.986
湖北	1.018	0.988	1.020	0.998	1.006
湖南	1.033	0.990	1.036	0.998	1.023
广东	0.986	0.989	1.000	0.986	0.976
广西	1.025	0.987	1.017	1.008	1.012
海南	0.988	0.988	0.993	0.995	0.977
重庆	1.045	0.979	1.024	1.020	1.023
四川	1.031	0.984	1.032	0.999	1.014
贵州	1.009	0.982	1.000	1.009	0.991
云南	1.017	0.990	1.011	1.006	1.007
陕西	1.026	0.984	1.015	1.011	1.009
甘肃	0.969	0.987	0.972	0.997	0.956
青海	1.019	0.989	1.000	1.019	1.007
宁夏	1.048	0.986	1.009	1.038	1.033
新疆	0.992	0.982	0.992	1.000	0.974

表 5-3　我国 30 个省份绿色全要素生产率及其分解指数的排名

地区	TE	TC	PTEC	SC	GTFP
北京	3	29	10	1	11
天津	14	2	20	6	8
河北	21	6	25	8	13
山西	18	27	9	29	26
内蒙古	12	3	11	13	7
辽宁	1	14	1	24	1
吉林	7	8	6	18	5

（续表）

地区	TE	TC	PTEC	SC	GTFP
黑龙江	4	30	3	8	21
上海	2	23	2	7	4
江苏	30	17	30	12	27
浙江	13	22	14	11	22
安徽	15	5	15	14	10
福建	11	19	7	26	19
江西	28	1	26	14	16
山东	27	9	29	5	16
河南	20	18	18	21	19
湖北	8	12	8	21	9
湖南	6	11	4	23	3
广东	9	25	13	8	23
广西	5	3	5	3	2
海南	21	20	20	18	24
重庆	21	13	23	14	14
四川	19	16	16	18	15
贵州	15	26	28	2	25
云南	29	21	27	28	29
陕西	17	9	16	14	11
甘肃	26	24	24	24	28
青海	25	15	20	26	18
宁夏	9	6	19	4	6
新疆	24	28	11	30	30

表 5-4 我国 30 个省份传统全要素生产率及其分解指数的排名

地区	TE	TC	PTEC	SC	TTFP
北京	22	1	20	15	7
天津	5	15	9	4	3
河北	14	18	10	21	17

（续表）

地区	TE	TC	PTEC	SC	TTFP
山西	28	4	29	15	26
内蒙古	2	3	2	7	1
辽宁	1	12	1	14	2
吉林	3	24	7	6	5
黑龙江	24	18	26	15	24
上海	20	2	19	12	10
江苏	26	30	21	28	29
浙江	11	15	6	27	11
安徽	6	18	4	10	5
福建	15	7	12	19	14
江西	19	23	21	5	21
山东	8	28	3	28	14
河南	22	27	17	24	23
湖北	17	10	13	21	20
湖南	8	4	5	21	8
广东	28	7	21	30	26
广西	13	12	14	10	13
海南	27	10	26	26	25
重庆	7	28	11	2	8
四川	10	18	8	19	11
贵州	21	24	21	9	22
云南	18	4	16	12	18
陕西	12	18	15	8	16
甘肃	30	12	30	24	30
青海	16	7	21	3	18
宁夏	4	15	17	1	3
新疆	25	24	28	18	28

5.3.1 绿色全要素生产率总体分析

图 5-1 为中国绿色与传统全要素生产率的动态变化情况，可以看出，研究期内中国绿色全要素生产率年均增长 1.3%，这反映了近年来我国经济绿色增长的事实。传统全要素生产率年均增长 0.7%，低于绿色全要素生产率水平，且两者的变化趋势相近，均出现“上升—下降—上升”的趋势，呈“N”型变化。近年来，我国各级政府广泛落实节能减排工作，大力整治违法排污，环境综合质量日益改善。但是，由于我国绿色增长模式尚处于探索阶段，未能形成有特色的绿色发展方式和生活方式，使得我国绿色全要素生产率水平一直处于上下波动状态。因此，未来中国要形成节约资源和保护环境的空间格局、产业结构、生产方式和生活方式，实现经济发展和环境保护的协同共进。

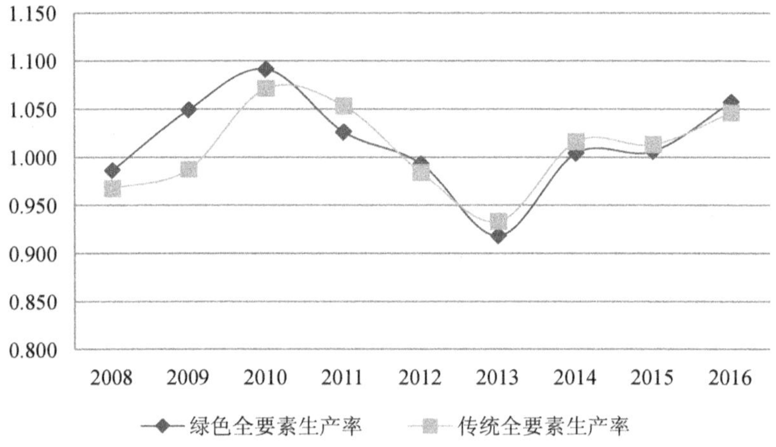

图 5-1 中国绿色全要素生产率与传统全要素生产率的动态变化

表 5-5 为中国绿色经济效率 Malmquist 指数及其分解指数，图 5-2 为中国绿色全要素生产率指数及其分解指数，发现中国绿色全要素生产率和绿色技术进步(GTC)均为正增长，且绿色全要素生产率与绿色技术效率(GTE)的变化趋势一致，而与绿色技术进步的变化趋势有较大差异。绿色技术效率为正(2.6%)，绿色技术进步为负(−1.2%)，这说明中国绿色全要素生产率增长的动力来自绿色技术效率的提高，而绿色技术却出现倒退的现象，并未有效发挥出科学技术在提升效益方面的作用。所以，未来我国提高绿色全要素生产率的关键路径之一就是提升绿色技术水平，不仅要合理配置人力、资本、能源等要素，而且应加大对人才培养、技术研发的投入力度，增强我国的技术创新能力。进一步分解发现，GTE 增长主要来自绿色纯技术效率(GPTEC)的驱动，绿色规模效率

(GSC)基本稳定,可以看出当前中国的经济发展主要依赖技术效率的改善,不再依靠生产规模的粗放扩张。

表 5-5　中国绿色经济效率 Malmquist 指数及其分解指数

	TE	TC	PTEC	SC	GTFP
2007—2008	0.944	1.046	0.943	1.001	0.986
2008—2009	1.088	0.964	1.041	1.045	1.049
2009—2010	1.013	1.076	1.009	1.004	1.091
2010—2011	0.973	1.054	0.998	0.975	1.026
2011—2012	0.997	0.996	0.984	1.013	0.993
2012—2013	1.014	0.905	0.998	1.016	0.918
2013—2014	1.066	0.942	1.079	0.988	1.004
2014—2015	1.022	0.984	1.010	1.012	1.006
2015—2016	1.131	0.935	1.098	1.029	1.057
均值	1.026	0.988	1.017	1.009	1.013

注:本书表格中数据取四舍五入。

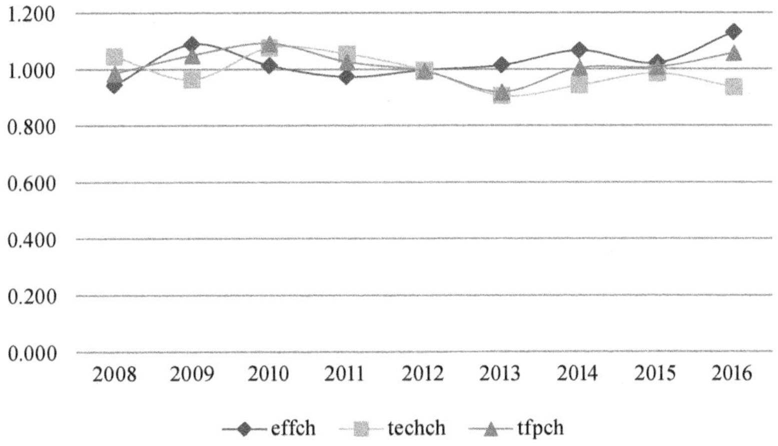

图 5-2　中国绿色全要素生产率及其分解指数

表 5-6 为中国传统经济效率 Malmquist 指数及其分解指数,图 5-3 为中国传统全要素生产率指数及其分解指数,可以看出,中国传统全要素生产率在 2010 年、2011 年、2014 年、2015 年、2016 年均大于 1,其余年份均小于 1,即在不考虑资源利用和环境污染情况下 TTFP 大部分年份均在提升。还可以看

出，技术效率有小幅增长趋势，技术进步出现小幅下降，而且传统全要素生产率与技术进步的变化趋势几近重合，说明传统全要素生产率提升的主要动力来自技术效率的改进，技术效率的增长在抵消技术退步所导致的生产效率下降的同时，推动了全要素生产率的上升，而规模效率对中国全要素生产率增长的贡献不明显。

两种情况下，考虑资源和环境因素的绿色全要素生产率指数均值为1.013，未考虑资源、环境因素的传统全要素生产率指数均值为1.007，说明未考虑资源和环境约束情况会低估了全要素生产率水平，这也反映出我国在经济发展中对资源和环境的破坏程度有所缓解。技术效率均对绿色全要素生产率和传统全要素生产率产生积极的促进作用，而技术退步是阻碍GTFP和TTFP增长的主要因素。技术进步的发展过程并不稳定，在一定程度上受到政府政策等宏观因素的影响。为了防止技术进步出现衰退现象，政府部门有必要加大投入力度并提供政策支持，注重提升自主创新能力，加快技术引进以获取技术的外溢效应等，从而保持技术进步的良好发展态势。同时，还要规避规模效率的损失，加强高级生产率要素的集聚，排除区域要素流动的限制[165]。只有技术进步与规模效率的同时发展，才能提升绿色经济发展质量，促进中国经济向又好又快的方向发展。

表5-6　中国传统经济效率Malmquist指数及其分解指数

	TE	TC	PTEC	SC	TTFP
2007—2008	1.085	0.891	1.073	1.011	0.967
2008—2009	0.969	1.019	0.983	0.986	0.987
2009—2010	0.990	1.083	0.988	1.002	1.071
2010—2011	1.048	1.005	1.036	1.011	1.053
2011—2012	0.987	0.997	0.999	0.988	0.984
2012—2013	1.134	0.822	1.080	1.050	0.933
2013—2014	0.989	1.027	0.997	0.992	1.016
2014—2015	0.999	1.014	0.996	1.003	1.013
2015—2016	0.989	1.058	0.990	0.999	1.046
均值	1.020	0.987	1.015	1.005	1.007

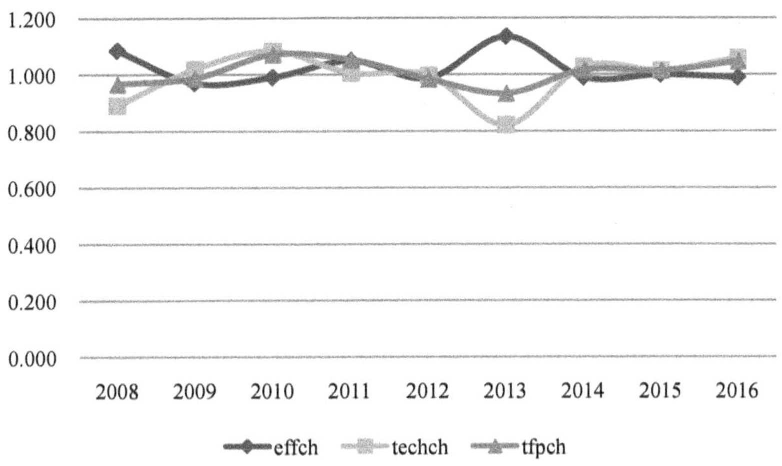

图 5-3　中国传统全要素生产率及其分解指数

5.3.2　省域绿色全要素生产率分析

从省级层面来看，根据表 5-1 可以看出，研究期内 30 个省份中 18 个省份的 GTFP 均值都大于 1，其余 12 个省份 GTFP 均值小于 1，这表明在这 10 年间，中国 18 个省份的绿色全要素生产率总体呈上升的趋势，而其余 12 个省份的绿色全要素生产率出现不同程度的下降。其中，辽宁的均值最高，达到了 1.179，这主要得益于该省绿色技术效率提高了 15.5%，其次分别为广西(1.125)、湖南(1.088)、上海(1.086)、吉林(1.083)等；新疆的绿色全要素生产率均值最低，仅为 0.908，主要是由于绿色技术进步指数下降了 8.2%，其次分别为云南(0.919)、甘肃(0.931)、江苏(0.932)、山西(0.933)等。结合表 5-2 可知，大部分省份绿色全要素生产率高于传统全要素生产率，这与较高的绿色技术效率有关，可从分解指数理解，研究期内绿色技术效率增长了 2.6%，而传统技术效率增长了 2.0%。两种情况下的技术进步均出现了下降，这表明中国经济发展仍以纯粹经济增长为导向，对新技术尤其是绿色技术的研发投入不足。样本期间绿色技术效率和传统技术效率增长的主要动力分别是绿色纯技术效率和传统纯技术效率，绿色规模效率和传统规模效率的贡献不明显，这表明当前中国的生产规模处于低速增长的阶段，追求技术效率的提升将比单纯地扩大生产规模更加重要。

5.3.3　区域绿色全要素生产率分析

本书分别对我国东部、中部、西部地区绿色全要素生产率进行计算，为了对比，同时计算出三大区域不考虑能源投入和非期望产出的传统全要素生产率，结果如表 5-7 和表 5-8 所示。

表 5-7　中国三大区域绿色全要素生产率及其分解指数

	地区	TE	TC	PTEC	SC	GTFP
2007—2008	东部	0.952	1.016	0.918	1.037	0.968
	中部	1.065	0.900	0.993	1.072	0.958
	西部	1.008	0.979	0.992	1.017	0.987
2008—2009	东部	1.000	1.064	1.035	0.966	1.064
	中部	1.044	0.844	1.045	0.999	0.881
	西部	1.188	0.841	1.221	0.973	0.999
2009—2010	东部	1.018	1.054	1.030	0.988	1.073
	中部	1.000	1.012	0.947	1.057	1.012
	西部	0.975	1.065	0.959	1.017	1.039
2010—2011	东部	1.011	1.035	0.990	1.021	1.047
	中部	0.871	1.199	0.934	0.932	1.043
	西部	1.031	0.970	1.025	1.006	1.000
2011—2012	东部	1.014	0.975	0.996	1.018	0.989
	中部	1.012	0.950	1.029	0.983	0.961
	西部	0.962	1.030	0.980	0.981	0.990
2012—2013	东部	1.021	0.897	1.002	1.019	0.916
	中部	0.923	1.046	0.940	0.981	0.965
	西部	1.106	0.897	1.052	1.051	0.992
2013—2014	东部	1.088	0.919	1.089	0.999	1.000
	中部	1.042	1.006	1.017	1.024	1.048
	西部	0.967	1.035	0.967	1.000	1.001
2014—2015	东部	1.033	0.978	1.025	1.008	1.011
	中部	1.000	1.008	0.984	1.016	1.008
	西部	1.001	1.028	0.936	1.070	1.029
2015—2016	东部	1.201	0.930	1.115	1.077	1.117
	中部	1.022	1.023	1.108	0.922	1.045
	西部	1.166	0.791	1.029	1.134	0.922

（续表）

	地区	TE	TC	PTEC	SC	GTFP
2007—2016	东部	1.036	0.984	1.021	1.015	1.019
	中部	0.996	0.994	0.998	0.997	0.990
	西部	1.042	0.955	1.015	1.027	0.995

表 5-8　中国三大区域传统全要素生产率及其分解指数

	地区	TE	TC	PTEC	SC	TTFP
2007—2008	东部	1.108	0.871	1.111	0.998	0.965
	中部	1.014	0.946	1.002	1.011	0.959
	西部	1.015	0.971	0.999	1.016	0.985
2008—2009	东部	0.986	1.026	0.997	0.989	1.012
	中部	0.993	0.988	0.999	0.994	0.981
	西部	0.989	0.888	1.008	0.982	0.878
2009—2010	东部	0.982	1.085	0.993	0.989	1.065
	中部	0.995	1.070	0.999	0.995	1.065
	西部	0.997	1.001	0.995	1.002	0.998
2010—2011	东部	1.009	1.020	0.986	1.023	1.029
	中部	0.998	1.055	0.988	1.01	1.053
	西部	1.005	1.023	1.015	0.99	1.029
2011—2012	东部	0.985	0.999	0.991	0.994	0.984
	中部	0.969	0.980	0.998	0.971	0.950
	西部	0.954	0.958	0.982	0.972	0.914
2012—2013	东部	1.115	0.830	1.122	0.993	0.925
	中部	0.970	0.935	0.965	1.005	0.907
	西部	0.992	0.914	0.998	0.995	0.907
2013—2014	东部	0.985	1.038	0.993	0.992	1.022
	中部	0.976	1.033	0.995	0.981	1.008
	西部	0.993	0.949	0.997	0.996	0.943

（续表）

	地区	TE	TC	PTEC	SC	TTFP
2014—2015	东部	1.018	1.018	1.004	1.014	1.037
	中部	0.984	0.997	0.996	0.988	0.981
	西部	0.856	1.116	0.897	0.954	0.956
2015—2016	东部	0.989	1.073	0.994	0.995	1.061
	中部	1.003	1.014	1.010	0.993	1.017
	西部	1.051	0.934	1.027	1.023	0.982
2007—2016	东部	1.019	0.992	1.020	0.999	1.010
	中部	0.989	1.001	0.995	0.994	0.990
	西部	0.982	0.971	0.990	0.992	0.953

从时间趋势来看，东部地区绿色和传统全要素生产率指数除2008年、2012年、2013年外均大于1，而这些年份TFP下降可能是受到外部力量的影响，如2008年爆发的全球金融危机、中国经济步入由高速增长转向中高速增长的新常态等。除东部地区外，中西部地区多个年份绿色和传统全要素生产率均出现下降。

进一步分析发现，东部地区绿色和传统技术效率指数分别为1.036和1.019，年均增长了3.6%和1.9%，而技术进步指数分别下降1.6%和0.8%，说明东部GTFP和TFP上升来自绿色技术效率和传统技术效率的改善，而科技水平出现下降，阻碍了生产技术和污染处理技术的改进，或间接增加了单位GDP能耗及环境污染，使其对全要素生产率水平的影响为负。中部地区绿色和传统技术效率指数分别为0.996和0.989，而绿色和传统技术进步指数分别为0.994和1.001，说明中部地区绿色全要素生产率下降的主要原因是技术退步，其传统全要素生产率下降则是技术效率偏低所致。西部地区绿色和传统技术效率指数分别为1.042和0.982，而绿色和传统技术进步指数分别为0.955和0.971，说明西部地区绿色和传统全要素生产率下降均是由于技术进步指数较低，且技术进步方面下降幅度远大于东部和中部地区。西部地区长期以来经济发展缓慢，科技力量薄弱，在新技术的研发和扩散方面远低于全国平均水平，未来仍需要加大当地的科技投入力度。科技的进步是未来中国全要素生产率持续提升的真正源泉，东、中、西部地区应该通过加强区域间技术的交流与合作、引入先进的技术设备和优秀的技术人才，逐渐加强各地区的技术创新水平，从而提高中国的全要素生产率水平。从规模效率指数来看，东部地区绿色规模效率指数大于1，可能是东部地区受到技术进步的促进作用，扩大生产规模有助于 GTFP 的提高，而 TTFP 小于 1，表明扩大生产规模对 TTFP 提升不利。中部地区绿色和传统规模效率指数均小于 1，说明中部地区产业规模已处于不经济阶段，应在提升技术效率和加强技术创新方面加大力度。西部地区传统规模效率指数小于 1，说明西部地区扩大生产规模不利于全要素生产率提高，而绿色规模效率指数大于 1，且大于中部地区的绿色规模效率，可能的原因是西部地区的资源消耗和环境污染程度小于中部地区，在考虑资源和环境因素后，继续扩大生产规模将有助于提升绿色全要素生产率。

图 5-4 和图 5-5 分别为样本期间中国三大地区的绿色和传统全要素生产率变化趋势，可以发现，三大地区的绿色全要素生产率都有较大幅度的波动，均呈现出“上升—下降—上升”的变化趋势，且与传统全要素生产率的变化趋势基本一致。总体上三大地区在 2008—2010 年绿色和传统全要素生产率均有增长，之后下跌，2013—2016 年绿色和传统全要素生产率开始回升。其中，2008 年爆发的全球金融危机，严重影响我国经济的健康发展，我国政府也迅速出台一揽子刺激经济的政府投资计划，加快经济的恢复和生产效率的提升。2010 年之后，中国经济步入新常态，经济的增速有所放缓，生产效率增幅有所下降。

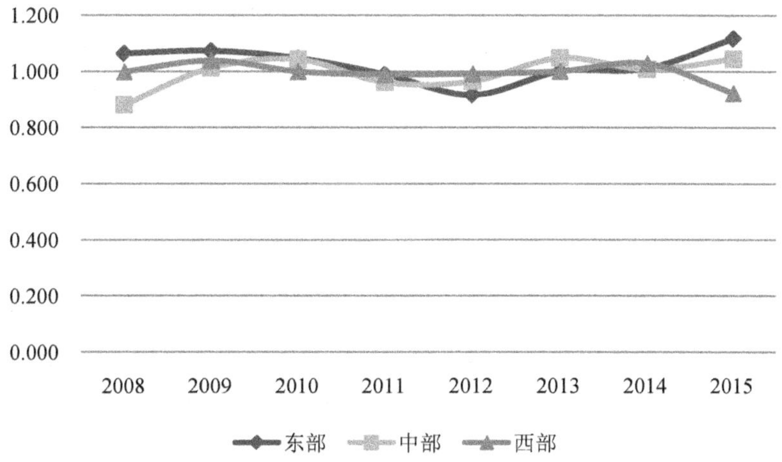

图 5-4　三大地区绿色全要素生产率的变化趋势

对比三大地区，样本期间东部地区绿色和传统全要素生产率指数分别为 1.019和 1.010，年均增长分别为 1.9%和 1.0%；中部地区分别为 0.990 和 0.990，均下降了 10%；西部地区分别是 0.995 和 0.953，分别降低 0.5%和 4.7%。三大地区中东部地区绿色和传统全要素生产率均保持增长趋势，中部地

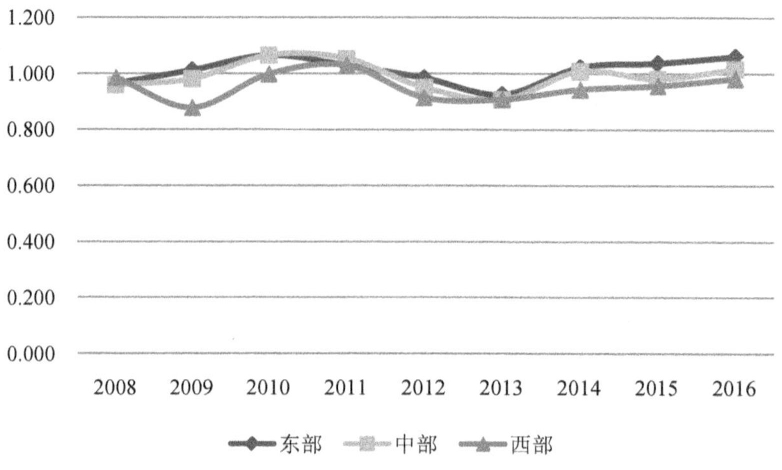

图 5-5　三大地区传统全要素生产率的变化趋势

区和西部地区均不断降低，且中部地区绿色全要素生产率的下降幅度较西部地区大，而传统全要素生产率的下降幅度较西部地区小。中部地区作为中国主要的重工业区域，高污染、高能耗的重工业发展对资源和环境造成的破坏程度显而易见，因而在考虑和不考虑资源利用和环境因素时，中部地区的全要素生产率均出现下降。西部地区近年来在努力发展当地经济的同时，存在资源利用效率偏低、生态环境恶化等问题，导致其全要素生产率也开始下降。

5.4　本章小结

本书在选取绿色全要素生产率投入产出指标的基础上，基于中国省域面板数据，运用 Malmquist 生产率指数分解来探究中国绿色全要素生产率的变动情况，研究发现：(1)研究期内中国绿色和传统全要素生产率呈现相似的波动趋势，均出现“上升—下降—上升”的“N”型变化趋势。总体上我国绿色全要素生产率有所增长，这可能与我国政府近年来加强节能减排工作有关，也反映了中国经济的健康发展。但是，波动的趋势说明我国并未较好地处理经济增长与环境保护、资源节约之间的关系，在提高资源利用效率和降低污染排放方面还需加大投入力度。(2)绿色和传统全要素生产率增长的主要动力均来自绿色和传统技术效率的改善，且两种情况下的技术进步指数均出现下降趋势，并未表现出科技创新在提升效益方面的作用。进一步分解发现，绿色和传统技术效率均有一定程度的增长，同时，绿色和传统规模效率在考察期内基本稳定，说明在未来的发展中寻求技术效率的提升比扩大生产规模更加重要。(3)从省级层面看，样本期间中国大部分省份绿色和传统全要素生产率均处于增长阶段，主要动力是技术效率指数的上升，而大部分省份的绿色和传统技术进步均出现不同程度的倒退现象，说明大部分省份在新技术尤其是绿色技术方面的投入力度不足。大部分省份绿色和传统技术效率上升主要是由于纯技术效率增长的驱动，规模效率的贡献不显著。(4)从区域层面看，东部地区绿色全要素生产率增长的驱动力是绿色技术效率改善，绿色技术出现倒退；中部地区绿色全要素生产率下降的主要原因是绿色技术出现退步；西部地区绿色全要素生产率下降是由于绿色技术的退步，且绿色技术进步的下降幅度远大于东中部地区。总体上制约三大地区绿色全要素生产率提高的主要因素均为绿色技术倒退，这说明还需加强各地区的科技投入。东部和西部地区扩大生产规模有利于绿色全要素生产率的提升，而中部地区处于规模不经济的阶段，提升技术效率和促进技术进步则显得更加重要。

第6章

中国绿色经济效率的空间相关性检验

上文研究发现各个省份的绿色经济效率水平存在较大的差异，这种差异性在地理空间上是否存在一定的分布规律？相邻省份的绿色经济效率是否存在相互依赖现象？对这些问题进行探究将有利于进一步深入了解中国绿色经济效率的空间分布情况，且将为后文针对中国绿色经济效率的空间溢出效应进行实证分析提供相应的依据。因此，本书采用空间自相关检验方法，对绿色经济效率的空间相关性问题进行探究。

6.1 空间相关性与检验方法

区域绿色经济效率之间是否存在着相互的空间效应，这将是本章重点研究的内容。这种空间效应可分为空间相关性和空间异质性。由于空间异质性可采用传统的计量经济学方法进行处理，如处理异方差性的方法，本书只关注空间相关性[167-169]。在实证分析中无论运用何种空间计量模型，均要检验变量间是否存在空间相关性。

目前为止，空间计量经济学研究的专家学者们已经提出了 Moran's I、LM-error、LM-lag 等统计量，用于考察研究对象之间是否存在空间相关性。部分统计量如 Moran's I 统计量（莫兰统计量）、Geary 统计量（吉尔瑞统计量）不仅可以检验对象间的空间误差相关关系，还可以检验空间滞后相关关系。其中，Moran's I 统计量是最常用的空间相关性检验方法。莫兰统计量又可分为全局 Moran's I 统计量和局部 Moran's I 统计量，Geary 统计量又可分为全局 Geary 统计量和局部 Geary 统计量。本章将采用全局 Moran's I 统计量和局部 Moran's I 统计量对空间相关性进行检验。

（1）全局 Moran's I 指数

全局空间自相关可利用全局 Moran's I 统计量和全局 Geary 统计量来测量绿色经济效率总体的空间关联和空间差异。其中，全局 Moran's I 统计量最早由 Moran 于 1948 年提出，其表达式如下：

$$I=\frac{\sum_{i=1}^{n}\sum_{j=1}^{n}W_{ij}(Y_i-\bar{Y})(Y_j-\bar{Y})}{S^2\sum_{i=1}^{n}\sum_{j=1}^{n}W_{ij}} \tag{6.1}$$

其中，$S^2=\frac{1}{n}\sum_{i=1}^{n}(Y_i-\bar{Y})^2$；$\bar{Y}=\frac{1}{n}\sum_{i=1}^{n}Y_i$。本书采用二进制的邻接空间权重矩阵：

$$W_{ij}=\begin{cases}1 & \text{当区域 } i \text{ 和区域 } j \text{ 相邻接}\\ 0 & \text{其他}\end{cases} \tag{6.2}$$

标准化形式为：

$$Z=\frac{Moran'sI-E(I)}{\sqrt{VAR(I)}} \tag{6.3}$$

其中，Moran's I 指数的期望值为：

$$E(I)=-\frac{1}{n-1} \tag{6.4}$$

Moran's I 指数的方差为：

$$VAR(I)=\frac{n^2W_1+nW_2+3W_0}{W_0^2(n^2-1)}-E^2(I) \tag{6.5}$$

其中，$W_0=\sum_{i=1}^{n}\sum_{j=1}^{n}W_{ij}$，$W_1=\frac{1}{2}\sum_{i=1}^{n}\sum_{j=1}^{n}(W_{ij}+W_{ji})^2$，$W_2=\sum_{i=1}^{n}\sum_{j=1}^{n}(W_{i\cdot}+W_{\cdot j})^2$。

莫兰统计量的取值一般在－1 和 1 之间，当取值为 1 时，表明所考察变量存在完全正相关；当 Moran's I 统计量的取值为－1 时，则表明所考察变量为完全负相关；当 Moran's I 统计量的取值为 0 时，则证明所考察变量不存在相关性。

(2) 局部 Moran's I 指数

全局 Moran's I 指数也存在一定的缺陷，因而有必要对内部具体的空间分布特征进行探究。为了更直观地反映研究对象在区域上的空间相关性，或者寻找各区域对全局空间自相关贡献的大小，本书采用局部 Moran's I 指数对中国绿色经济效率的局部空间分布特征进行检验，具体可表示为：

$$I_i = \frac{(x_i - \bar{x})}{S^2} \sum_j W_{ij} (x_i - \bar{x}) \tag{6.6}$$

在此基础上还可绘制区域绿色经济效率的局部散点图，可以进一步反映某一区域与邻近地区之间的扩散或极化作用[170]。

6.2 全局空间自相关分析

运用 STATA 14.0 软件测算历年中国绿色经济效率的全局 Moran's I 指数。考虑到海南省在地理位置上不与任何省份邻接，为了方便整体分析，设定海南省与广东、广西两省区相邻，计算结果如表 6-1 所示。表 6-2 为中国绿色经济效率的全局 Geary 指数。

表 6-1　中国绿色经济效率的全局 Moran's I 指数

年份	Moran's I	E(I)	Sd(I)	Z	p-value *
2007	0.366	−0.034	0.110	3.647	0.000
2008	0.355	−0.034	0.110	3.546	0.000
2009	0.348	−0.034	0.110	3.495	0.000
2010	0.360	−0.034	0.109	3.612	0.000
2011	0.317	−0.034	0.109	3.230	0.001
2012	0.301	−0.034	0.109	3.073	0.001
2013	0.126	−0.034	0.108	1.482	0.069
2014	0.113	−0.034	0.108	1.365	0.086
2015	0.120	−0.034	0.107	1.437	0.075
2016	0.270	−0.034	0.105	2.899	0.002

表 6-2　中国绿色经济效率的全局 Geary 指数

年份	C	E(c)	Sd(c)	Z	p-value *
2007	0.404	1.000	0.152	−3.920	0.000
2008	0.388	1.000	0.153	−3.986	0.000
2009	0.375	1.000	0.155	−4.028	0.000
2010	0.341	1.000	0.157	−4.190	0.000
2011	0.380	1.000	0.162	−3.829	0.000

（续表）

年份	C	E(c)	Sd(c)	Z	p-value *
2012	0.400	1.000	0.159	−3.783	0.000
2013	0.614	1.000	0.166	−2.317	0.010
2014	0.623	1.000	0.170	−2.219	0.013
2015	0.603	1.000	0.174	−2.279	0.011
2016	0.332	1.000	0.192	−3.479	0.000

由上表可知，中国绿色经济效率全局 Moran's I 指数值处于 0.1～0.4，且所有年份在 10%显著性水平上通过检验；中国绿色经济效率全局 Geary 指数值处于0.3～0.7，且所有年份均通过 10%水平的显著性检验，这表明我国绿色经济效率存在较强的空间正相关性。中国绿色经济效率的空间分布格局并非呈随机分布的特征，而具有较强的空间集聚性，即具有相似绿色经济效率的区域呈现明显的空间集聚特征。进一步分析发现，中国绿色经济效率的集聚效应在 2009—2010 年、2014—2016 年不断提升，在 2007—2009 年、2010—2014 年出现下降，说明中国绿色经济效率相似的地区在空间上呈现集聚现象，且这种集聚现象是不断变化的。因此，在对中国绿色经济效率进行研究时不能忽略空间效应。

6.3　局部空间自相关分析

本书采用局部 Moran's I 指数和局部莫兰散点图检验我国绿色经济效率的局部空间分布。限于篇幅，选择 2007、2010、2013、2016 年 4 个典型年份，分别测算历年 30 个省份的局部 Moran's I 指数及检验值，结果见表 6-3、表 6-4、表 6-5、表 6-6。可以看出，对于某些省份，可以强烈拒绝“无空间自相关”的原假设，这与全局空间自相关的检验结果相一致。

表 6-3　2007 年中国绿色经济效率的局部 Moran's I 指数

地区	Ii	E(Ii)	Sd(Ii)	Z	p-value *
北京	3.652	−0.069	1.344	2.769	0.003
天津	3.674	−0.069	1.344	2.785	0.003
河北	−0.487	−0.241	2.288	−0.107	0.457
山西	1.698	−0.138	1.834	1.001	0.158
内蒙古	3.714	−0.276	2.395	1.666	0.048

（续表）

地区	Ii	E(Ii)	Sd(Ii)	Z	p-value *
辽宁	0.912	−0.103	1.617	0.628	0.265
吉林	1.207	−0.103	1.617	0.810	0.209
黑龙江	0.718	−0.069	1.344	0.586	0.279
上海	5.067	−0.069	1.344	3.822	0.000
江苏	6.046	−0.138	1.834	3.372	0.000
浙江	2.702	−0.172	2.012	1.428	0.077
安徽	−1.371	−0.207	2.162	−0.538	0.295
福建	0.515	−0.103	1.617	0.382	0.351
江西	−0.302	−0.207	2.162	−0.044	0.483
山东	0.872	−0.138	1.834	0.551	0.291
河南	0.615	−0.207	2.162	0.380	0.352
湖北	0.786	−0.207	2.162	0.459	0.323
湖南	0.152	−0.207	2.162	0.166	0.434
广东	−0.012	−0.172	2.012	0.080	0.468
广西	−0.285	−0.172	2.012	−0.056	0.478
海南	0.998	−0.069	1.344	0.794	0.214
重庆	1.176	−0.172	2.012	0.670	0.251
四川	1.238	−0.207	2.162	0.668	0.252
贵州	2.248	−0.172	2.012	1.203	0.114
云南	1.171	−0.103	1.617	0.788	0.215
陕西	3.097	−0.276	2.395	1.408	0.080
甘肃	3.334	−0.207	2.162	1.638	0.051
青海	1.535	−0.103	1.617	1.013	0.156
宁夏	2.462	−0.103	1.617	1.586	0.056
新疆	1.212	−0.069	1.344	0.953	0.170

表 6-4 2010 年中国绿色经济效率的局部 Moran's I 指数

地区	Ii	E(Ii)	Sd(Ii)	Z	p-value *
北京	4.993	−0.069	1.337	3.786	0.000
天津	5.023	−0.069	1.337	3.808	0.000
河北	−0.596	−0.241	2.280	−0.155	0.438
山西	1.426	−0.138	1.826	0.857	0.196
内蒙古	1.213	−0.276	2.387	0.624	0.266
辽宁	0.228	−0.103	1.610	0.206	0.418
吉林	0.594	−0.103	1.610	0.433	0.332
黑龙江	0.520	−0.069	1.337	0.440	0.330
上海	4.772	−0.069	1.337	3.620	0.000
江苏	5.279	−0.138	1.826	2.967	0.002
浙江	2.732	−0.172	2.004	1.449	0.074
安徽	−0.872	−0.207	2.153	−0.309	0.379
福建	1.019	−0.103	1.610	0.698	0.243
江西	−0.415	−0.207	2.153	−0.097	0.462
山东	0.564	−0.138	1.826	0.385	0.350
河南	0.742	−0.207	2.153	0.440	0.330
湖北	0.502	−0.207	2.153	0.329	0.371
湖南	0.018	−0.207	2.153	0.105	0.458
广东	0.176	−0.172	2.004	0.174	0.431
广西	0.144	−0.172	2.004	0.158	0.437
海南	0.238	−0.069	1.337	0.230	0.409
重庆	0.944	−0.172	2.004	0.557	0.289
四川	1.394	−0.207	2.153	0.744	0.229
贵州	2.204	−0.172	2.004	1.186	0.118
云南	1.452	−0.103	1.610	0.966	0.167

（续表）

地区	Ii	E(Ii)	Sd(Ii)	Z	p-value *
陕西	2.856	−0.276	2.387	1.312	0.095
甘肃	4.293	−0.207	2.153	2.090	0.018
青海	2.146	−0.103	1.610	1.397	0.081
宁夏	2.126	−0.103	1.610	1.385	0.083
新疆	1.852	−0.069	1.337	1.436	0.075

表 6-5　2013 年中国绿色经济效率的局部 Moran's I 指数

地区	Ii	E(Ii)	Sd(Ii)	Z	p-value *
北京	5.092	−0.069	1.325	3.895	0.000
天津	5.226	−0.069	1.325	3.996	0.000
河北	−1.451	−0.241	2.264	−0.534	0.297
山西	−0.226	−0.138	1.811	−0.049	0.481
内蒙古	−9.019	−0.276	2.372	−3.687	0.000
辽宁	−0.281	−0.103	1.596	−0.111	0.456
吉林	−0.145	−0.103	1.596	−0.026	0.490
黑龙江	−0.903	−0.069	1.325	−0.630	0.264
上海	2.091	−0.069	1.325	1.630	0.052
江苏	1.318	−0.138	1.811	0.804	0.211
浙江	1.072	−0.172	1.988	0.626	0.266
安徽	−0.188	−0.207	2.137	0.009	0.497
福建	0.301	−0.103	1.596	0.254	0.400
江西	−0.351	−0.207	2.137	−0.067	0.473
山东	−0.206	−0.138	1.811	−0.038	0.485
河南	1.249	−0.207	2.137	0.681	0.248
湖北	0.063	−0.207	2.137	0.126	0.450
湖南	−0.250	−0.207	2.137	−0.020	0.492

（续表）

地区	Ii	E(Ii)	Sd(Ii)	Z	p-value *
广东	0.069	−0.172	1.988	0.122	0.452
广西	0.135	−0.172	1.988	0.155	0.438
海南	−0.055	−0.069	1.325	0.011	0.496
重庆	0.227	−0.172	1.988	0.201	0.420
四川	0.884	−0.207	2.137	0.510	0.305
贵州	1.065	−0.172	1.988	0.622	0.267
云南	1.111	−0.103	1.596	0.761	0.223
陕西	1.682	−0.276	2.372	0.826	0.204
甘肃	2.840	−0.207	2.137	1.425	0.077
青海	2.583	−0.103	1.596	1.683	0.046
宁夏	0.118	−0.103	1.596	0.139	0.445
新疆	2.582	−0.069	1.325	2.001	0.023

表 6-6　2016 年中国绿色经济效率的局部 Moran's I 指数

地区	Ii	E(Ii)	Sd(Ii)	Z	p-value *
北京	6.365	−0.069	1.287	5.000	0.000
天津	6.606	−0.069	1.287	5.187	0.000
河北	−1.275	−0.241	2.216	−0.467	0.320
山西	1.889	−0.138	1.763	1.149	0.125
内蒙古	0.809	−0.276	2.326	0.466	0.320
辽宁	0.046	−0.103	1.552	0.096	0.462
吉林	0.208	−0.103	1.552	0.200	0.421
黑龙江	0.248	−0.069	1.287	0.246	0.403
上海	2.240	−0.069	1.287	1.795	0.036
江苏	1.727	−0.138	1.763	1.057	0.145
浙江	0.996	−0.172	1.939	0.603	0.273

（续表）

地区	Ii	E(Ii)	Sd(Ii)	Z	p-value *
安徽	−0.110	−0.207	2.088	0.046	0.482
福建	0.256	−0.103	1.552	0.232	0.408
江西	−0.525	−0.207	2.088	−0.152	0.440
山东	−0.102	−0.138	1.763	0.021	0.492
河南	0.997	−0.207	2.088	0.577	0.282
湖北	−0.042	−0.207	2.088	0.079	0.469
湖南	−0.314	−0.207	2.088	−0.051	0.480
广东	0.173	−0.172	1.939	0.178	0.429
广西	0.031	−0.172	1.939	0.105	0.458
海南	−0.127	−0.069	1.287	−0.045	0.482
重庆	0.074	−0.172	1.939	0.127	0.450
四川	0.481	−0.207	2.088	0.329	0.371
贵州	0.409	−0.172	1.939	0.300	0.382
云南	0.748	−0.103	1.552	0.549	0.292
陕西	2.711	−0.276	2.326	1.284	0.100
甘肃	4.539	−0.207	2.088	2.273	0.012
青海	2.287	−0.103	1.552	1.541	0.062
宁夏	1.862	−0.103	1.552	1.267	0.103
新疆	2.430	−0.069	1.287	1.942	0.026

为了可以直观地反映 30 个省份局部空间相关性的类型及其空间分布，本书绘制 2007、2010、2013、2016 年 4 个年份中国绿色经济效率的局部莫兰散点图，结果见图 6-1、图 6-2、图 6-3、图 6-4。在莫兰散点图中，地理空间单元被分在 4 个象限：第一象限代表高高集聚象限（H－H），即绿色经济效率高值区域与绿色经济效率高值区域邻接，在空间关联中体现出扩散效应；第二象限为低高集聚象限（L－H），表明绿色经济效率低值区域邻接绿色经济效率高值区域，过渡特征明显；第三象限代表低低集聚象限（L－L），表明本区与邻接地区的绿色经济效

率均较低；第四象限为高低集聚象限（H－L），表现为绿色经济效率高值区域邻接绿色经济效率低值区域，在空间关联上表现为极化效应。

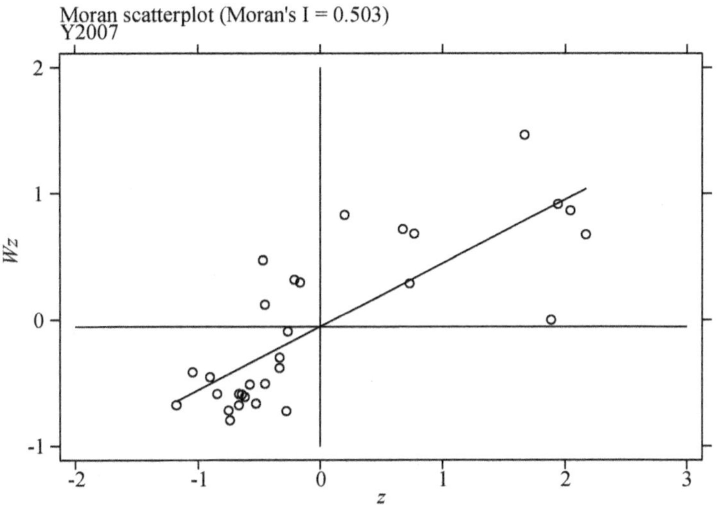

图 6-1　2007 年我国 30 个省份绿色经济效率的局部莫兰散点图

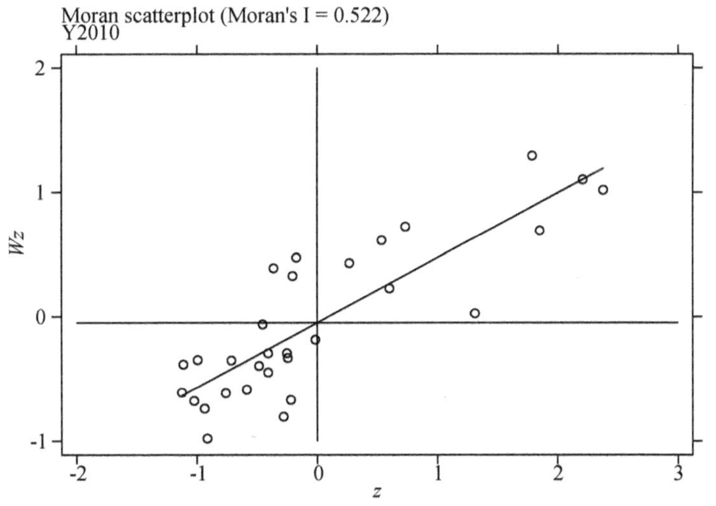

图 6-2　2010 年我国 30 个省份绿色经济效率的局部莫兰散点图

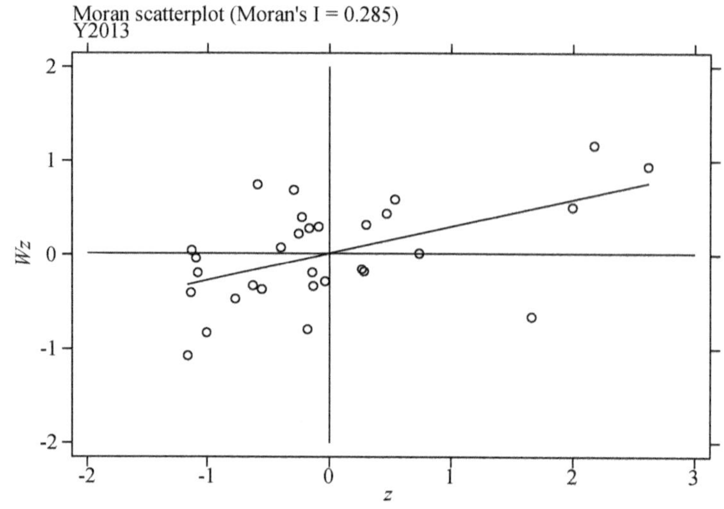

图 6-3 2013 年我国 30 个省份绿色经济效率的局部莫兰散点图

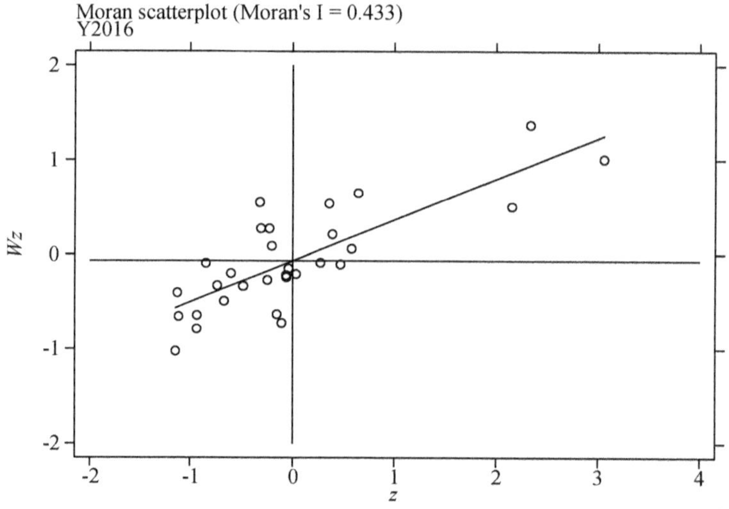

图 6-4 2016 年我国 30 个省份绿色经济效率的局部莫兰散点图

观察发现，2016 年位于 H－H 集聚区的有北京、上海、天津、江苏、浙江、福建、广东、山东、湖南共 9 个省份，占总省份数的 30%，由此可见，高高集聚的省份主要位于东部地区；而处于 L－H 集聚区的河北、江西、安徽、海南、贵州共 5 个省份，占到全部省份的 16.7%；位于 L－L 集聚区的有辽宁、四川、云南、吉林、广西等共 16 个省份，占全部省份的 53.3%；而处于 H－L 集聚区的有 0 个省份，占到全部省份的 0%。处于 H－H 象限和 L－L 象限的省份共占83.3%，而位于 L－H 象限和 H－L 象限的省份仅占 16.7%，这表明我国绿色经济效率在局部空间上存在空间依赖性特征，也存在少量空间异质性。

以 2007 年作参照，2010、2013、2016 年分布在第一、三象限的省份总数分别占总省份数的 86.7%、66.7%、83.3%，说明我国绿色经济效率的空间集聚呈现一定的波动，但波动幅度不大。通过比较各集聚象限中省份的变动发现：(1)H－H 集聚区的省份主要集中在东部沿海地区，其中江苏、福建、浙江、上海、天津、北京、广东一直位于 H－H 集聚区，这是由于东部沿海省份在经济发展、技术水平、环境保护、能源利用等方面优势明显，绿色经济效率不断提升，且形成显著的扩散效应，能够积极带动邻近地区经济的绿色发展。(2)L－H 集聚区主要分布在中西部地区，且在空间分布上呈现一定的变动，2007 年为安徽、江西、河北、广西、湖南 5 个省份，到 2016 年仍然是 5 个省份，分别为河北、江西、安徽、海南、贵州，这些省份大多数与东部高绿色经济效率地区邻接，其受到东部地区的带动作用十分明显。其中，湖南由 L－H 集聚区跃升到 H－H 集聚区，主要原因是受到东部地区在产业结构优化、生态环境保护与发展现代服务业过程中的辐射带动作用。(3)L－L 集聚区主要为西部及中部地区资源大省，且该集聚区的省份没有明显的增减趋势，这些省份由于产业结构层次低下、能源利用率较低、技术相对落后等原因，样本期间一直表现出较低的绿色经济效率。内蒙古、湖南等省份近年来在产业结构调整、经济发展方式转变等方面加大力度，推动经济增长方式由粗放型向集约型转变，同时得益于东部绿色经济效率较高省份的辐射带动作用，绿色经济效率有不同程度的提升。贵州、云南、重庆、甘肃、四川、青海、湖北、河南等省份则一直处于 L－L 集聚区，这些省份在利用当地资源取得经济较快发展的同时，造成的资源消耗和环境代价也不容忽视，未来仍需进一步优化产业结构，协调好资源利用、环境保护和经济发展的关系。(4)H－L 集聚区在 2007 年、2010 年、2016 年均没有省份，只有在 2013 年出现湖南、内蒙古、山东 3 个省份，其中，山东由 2013 年的 H－L 集聚区跃升到 2016 年的 H－H 集聚区，这是由于山东作为东部经济发达省份，始终保持较高的绿色经济效率水平，并通过有效的区域合作机制，对邻近地区产生明显的辐射带动作用，逐渐呈现其邻接地区效率提升的现象。总体上我国区域绿色经济效率在空间上呈现明显的集聚特征，即绿色经济效率较高的省份主要分布在东部沿海地区，效率较低的省份集中在中西部地区。

6.4 本章小结

本书运用空间自相关分析方法探究我国区域绿色经济效率的空间相关性。通过绿色经济效率全局空间自相关分析发现，我国绿色经济效率呈现较强的空间正相关性。中国省域绿色经济效率在空间上并非随机分布，而是表现出较强的空间集聚性。绿色经济效率的局部空间自相关分析表明，多数地区呈现出较强的空间正相关性，这与全局空间自相关的检验结果基本一致。同时，空间散点图进一步直观地说明，大部分省份主要集中在 H－H 集聚区和 L－L 集聚区，即相邻省份绿色经济效率存在相似的特点，这表明绿色经济效率在局部空间上主要存在空间依赖性，也存在空间异质性。因此，在研究绿色经济效率的过程中，有必要加入空间效应，避免所得的研究结果与实际情况存在较大偏差。

第 7 章

中国绿色经济效率的空间溢出效应研究

通过空间自相关检验研究表明，中国省域绿色经济效率存在显著的空间自相关特征，表明不同地区间绿色经济效率存在一定的差异，但是随着时间的推移，这种差异呈现缩小的趋势。考虑到区域合作机制不断完善，省份间生产要素的空间流动性持续增强，空间溢出效应在绿色经济效率的研究中不可忽视。那么绿色经济效率主要受到哪些因素的影响？这些因素对绿色经济效率具有何种程度的影响？省级层面的绿色经济效率是否存在空间溢出效应？通过何种途径能够提升中国各省份绿色经济效率？对上述问题进行定量分析，将为有关部门制定区域经济绿色发展政策提供决策参考，对提高我国绿色经济效率、实现经济高质量发展具有重要意义。因此，本章首先在上文研究的基础上综合探讨了绿色经济效率的主要影响因素，其次采用空间 Durbin 计量模型探究中国 30 个省份绿色经济效率的空间溢出效应。

7.1 空间计量模型构建

空间计量经济学理论最早由荷兰经济学家 Paelinek 于 1974 年提出，后经 Anselin 等人在原有理论基础上进行拓展和完善，最后搭建起当今的计量经济学科的框架体系。Anselin[166]认为，空间计量经济学的基本内容是在计量模型中引入经济变量的空间效应，并建立模型和对模型进行估计、检验及预测等。目前，空间计量经济学在地理科学、城市经济学、区域科学等领域得到广泛运用，已经逐渐形成了一系列有效的理论和实证方法。

空间经济学最初来源于地理学，之后与计算机科学、运筹学、统计学等学科不断融合衍生成为空间计量经济学。传统的计量经济学和统计学需要设定很多前提条件，如数据是同方差、空间不相关等，但是，当计量模型中出现数据的空间相关性等问题时，普通模型对独立样本的统计推断将是有偏差的，此时，空间计量经济学方法的出现就解决了这些问题[169]。

空间计量经济学可用来处理数据的空间性问题，并深入探究地区之间某些经济行为的空间交互作用，即空间效应。空间效应是空间计量经济学区别于传统计量经济学的主要特征。空间效应主要包括空间相关性和空间异质性。Goodchild 认为，绝大多数的空间数据均存在空间依赖性，即某一空间个体的某种经济现象与邻近空间个体的同一现象是相关的。Anselin[166] 进一步将空间依赖性分成真实空间依赖性和干扰空间依赖性。由于空间依赖性会造成数据信息失真，和传统计量经济分析存在偏差，空间相关性检验则是进行空间计量分析的前提。空间异质性反映了不同经济单元之间的差异，主要通过模型函数或参数的形式来体现其结构特征，且重点指出该差异归因于空间分布或空间结构特征。空间异质性问题通常不能用经典的计量经济学来解决，必须采用空间计量模型才能解决。

7.1.1 空间权重矩阵

设定一个二元对称空间权重矩阵 W 来反映 n 个空间对象的空间邻近关系，可按照邻接性标准或空间距离标准来度量，其具体的表达形式如下：

$$W = \begin{bmatrix} w_{11} & w_{12} & \cdots & w_{1n} \\ w_{21} & w_{22} & \cdots & w_{2n} \\ \cdots & \cdots & \cdots & \cdots \\ w_{n1} & w_{n2} & \cdots & w_{nn} \end{bmatrix} \tag{7.1}$$

式中，w_{ij} 代表区域 i 与 j 的邻近关系。空间权重矩阵可分为：简单的二进制邻接矩阵和基于距离的二进制空间权重矩阵。简单的二进制邻接矩阵以两个空间单元是否相邻为判断标准，如果两个空间单元相邻，其赋值为 1，反之则为 0。简单的二进制邻接矩阵的数学表达式如下：

$$W_{ij} = \begin{cases} 1 & i \text{ 与 } j \text{ 相邻} \\ 0 & \text{其他} \end{cases} \tag{7.2}$$

基于距离的二进制邻接矩阵的数学表达式如下：

$$W_{ij} = \begin{cases} 1 & i \text{ 与 } j \text{ 的距离小于 } d \\ 0 & \text{其他} \end{cases} \tag{7.3}$$

除此之外，还有基于邻近概念的空间权重矩阵，包括一阶邻近矩阵和高阶邻近矩阵。除了使用真实的地理坐标估计的地理距离外，还有将经济和社会因素作为权重矩阵设置的根据，如基于万有引力定律的空间邻接矩阵、基于社会经济特征空间权重矩阵、竞争矩阵等。

7.1.2　空间计量模型选取

空间计量模型除了空间滞后模型(Spatial Lagged Model, SLM)、空间误差模型(Spatial Error Model, SEM)两个基础模型外,还包括空间自回归—残差自回归模型、空间杜宾模型(Spatial Durbin Model,SDM)、半参数空间向量自回归模型等[170]。

(1) 空间滞后模型(SLM)

SLM 反映的是空间实质相关,也被称为空间自回归模型(Spatial Autoregressive Model, SAR)。SLM 的经济学含义是,被研究对象只考虑自身解释变量的影响,却较难预测该变量的变化趋势,如果在模型中加入由空间结构造成的影响,可以较好地控制空间效应产生的影响,其数学表达式为:

$$Y = \rho WY + X\beta + \varepsilon \tag{7.4}$$

其中,$\beta = (\beta_1, \cdots, \beta_k)'$ 为参数向量;ε 为随机误差项,且 $\varepsilon \sim N(0, \sigma^2 I_n)$;ρ 为空间自回归系数;W 为空间权重矩阵。由于模型的解释变量含有被解释变量的空间滞后项,不能使用普通最小二乘估计法(Ordinerry Least Squares, OLS)来估算参数,常使用最大似然(Maximum Likelihood, ML)估计方法。

(2) 空间误差模型(SEM)

SEM 反映的是空间总体相关和空间扰动相关,也被称为空间自相关模型。空间误差模型的经济意义是指,在一个空间单元产生的冲击会以特殊的协方差结构形式传递至邻近的空间单元,并且这种传递形式有较长的持续效应,这种持续效应是不断减弱的,即这种空间影响具有高阶效应。空间误差模型的数学表达式为:

$$\begin{aligned} Y &= X\beta + \varepsilon \\ \varepsilon &= \lambda W + u, \varepsilon \sim N(0, \sigma^2 I_n) \end{aligned} \tag{7.5}$$

其中,W 为空间权重矩阵;u 为随机误差项;λ 为空间误差相关系数。考虑到模型的扰动项存在空间相关性,当采用 OLS 进行回归分析时,估算出的参数值虽然具有无偏性和一致性,但是缺乏有效性,故采用 ML 估计或者系统广义矩(GMM)估计。

空间计量经济学指出,一个空间单元的某种经济地理现象与邻近个体的同一现象存在一定的相关性[171]。与 SLM 和 SEM 相比,SDM 不仅考虑因变量的空间相关性,还考虑自变量的空间相关性[172]。因此,为了深入分析中国绿色经济效率的空间溢出效应,本书将采用 SDM 模型,其具体表达式为:

$$Y = \rho WY + X\beta + WX\theta + \varepsilon \tag{7.6}$$

其中，Y 为绿色经济效率，X 为绿色经济效率的影响因素，W 为空间权重矩阵，WX 为绿色经济效率影响因素的滞后项，ε 为与地区和时期均无关的随机扰动项。

LeSage 等[173]以偏导矩的方式得到 SDM 的参数定义，并给出总效应、直接效应和间接效应的具体概念及测算方法。将(7.6)式用以下形式表示：

$$(I_n - \rho W)Y = X\beta + WX\theta + \varepsilon \tag{7.7}$$

对上式两边同乘 $(I_n - \rho W)^{-1}$ ，并展开记为：

$$Y = \sum_{r=1}^{k} S_r(W)x_r + V(W)\varepsilon \tag{7.8}$$

其中，$S_r(W) = V(W)(I_n\beta_r + W\theta_r)$ ，$V(W) = (I_n - \rho W)^{-1}$ ，展开式(7.8)得：

$$\begin{pmatrix} Y_1 \\ Y_2 \\ \vdots \\ Y_n \end{pmatrix} = \sum_{r=1}^{k} \begin{pmatrix} S_r(W)_{11} & S_r(W)_{12} & \cdots & S_r(W)_{1n} \\ S_r(W)_{21} & S_r(W)_{22} & \cdots & S_r(W)_{2n} \\ \vdots & \vdots & \vdots & \vdots \\ S_r(W)_{n1} & S_r(W)_{n2} & \cdots & S_r(W)_{nn} \end{pmatrix} \begin{pmatrix} x_{1r} \\ x_{2r} \\ \vdots \\ x_{nr} \end{pmatrix} + V(W)\varepsilon \tag{7.9}$$

最终，求得平均总效应、平均直接效应和平均间接效应分别如下：

$$\bar{M}(r)_{total} = n^{-1} l_n^{-1} S_r(W) l_n \tag{7.10}$$

$$\bar{M}(r)_{direct} = n^{-1} tr(S_r(W)) \tag{7.11}$$

$$\bar{M}(r)_{indirect} = \bar{M}(r)_{total} - \bar{M}(r)_{direct} \tag{7.12}$$

其中，$l_n = (1,1,\cdots,1)^T_{1\times n}$ 。

截面数据空间 Durbin 计量模型逐渐被 Beer 等[174]、Elhorst[175]拓展至面板数据空间 Durbin 计量模型。本书构建如下所示的面板数据空间 Durbin 模型：

$$\begin{aligned} GEE_{it} = {} & \delta\sum_{j=1}^{n} W_{ij}GEE_{it} + \beta_1\ln(AGDP_{it}) + \beta_2 IND_{it} + \beta_3 ECS_{it} + \beta_4 FDI_{it} \\ & + \beta_5 ENV_{it} + \beta_6 TEC_{it} + \theta_1\sum_{j=1}^{n} W_{ij}\ln(AGDP_{it}) + \theta_2\sum_{j=1}^{n} W_{ij} IND_{it} \\ & + \theta_3\sum_{j=1}^{n} W_{ij}ECS_{it} + \theta_4\sum_{j=1}^{n} W_{ij}FDI_{it} + \theta_5\sum_{j=1}^{n} W_{ij}ENV_{it} \\ & + \theta_6\sum_{j=1}^{n} W_{ij}TEC_{it} + \mu_i + \lambda_t + \varepsilon_{it} \end{aligned} \tag{7.13}$$

其中，δ 为被解释变量空间滞后项的系数，$\beta_i(i=1,\cdots,6)$ 和 $\theta_i(i=1,\cdots,6)$ 分别为解释变量空间滞后项的系数；μ_i 和 λ_t 分别为个体效应和时间效应；$\sum_{j=1}^{n} W_{ij}$ 为空间权重矩阵。

7.2　变量选取与数据来源

通过空间相关性分析证明各省份的绿色经济效率存在空间效应，一个省份的绿色经济效率不仅与经济发展特征相关，同时还与相邻地区的绿色经济效率相关，而这种自相关就是绿色经济效率表现出的空间依赖或空间溢出。本书将采用 SDM 定量分析该空间效应，解释变量选取如下：

（1）经济发展水平（Economic Development Level，EDL）

由上文可知，我国区域绿色经济效率的空间分布呈现集聚特征，而区域内的省份经济发展水平相近，区域间的省份经济发展水平差异较大。经济发展水平的差异可能对我国绿色经济效率的空间分布存在显著影响。钱争鸣等[176]认为绿色经济效率与人均 GDP 之间存在“倒 U 型”关系，但并未考虑空间效应的存在。因此，本书选择人均 GDP 指标衡量一个地区的经济发展水平。

（2）产业结构（Industrial Structure，IS）

产业结构变动是绿色经济发展水平高低的重要标志，尤其是第二产业占比的变动。与第一、三产业相比，第二产业与区域环境污染情况最为相关，第二产业在我国国民经济中所占比重的高低，将直接决定区域环境污染排放量的大小。因此，本书采用第二产业增加值占 GDP 比重来衡量地区产业结构。

（3）能源消费结构（Energy Consumption Structure，ECS）

能源消费可分为化石能源和非化石能源，两者在利用过程中产生的污染排放量存在较大差异。煤炭、原油等化石能源的污染物排放量较高，属于高污染能源，而天然气、电力等非化石能源的污染物排放量较低，属于低污染或无污染能源。其中，煤炭是我国主要消费能源，由此产生了大量的环境污染物，对生态环境造成严重的破坏，阻碍了绿色经济效率的提升。因此，煤炭的消费情况在很大程度上反映了一个地区的能源消费结构。故本书采用煤炭消费量占能源消费总量的比重来代表区域能源消费结构。

（4）外商直接投资（Foreign Direct Investment，FDI）

随着我国对外开放程度的持续提升，外资的引进力度不断增强，使得外资水平逐渐成为影响我国经济发展的重要力量，同时也对我国生态环境造成严重污染。外商直接投资(FDI)提升了产业发展的资源依赖性，也通过技术外溢提升了当地的科技水平，对降低区域能耗强度和提升能源利用效率产生显著的促进作用。本书以外商投资全社会固定资产投资占 GDP 的比重来表示 FDI。

(5) 污染治理力度(Pollution Control Efforts，PCE)

政府在处理能源与环境问题中扮演了重要角色。针对经济发展中的环境污染问题，政府主要采用降低区域能源强度、加大污染治理投资等方式增强污染治理力度。其中，环境污染治理投资是反映政府解决环境污染问题的重要指标。因此，本书以地方财政环境保护支出占地方财政一般预算支出的比重来衡量地区污染治理力度。

(6) 技术进步(Technical Advancement，TA)

技术进步有助于提升区域资源利用效率，降低能源消费的强度，对区域绿色经济效率的提高可能产生重要的影响。而政府在提升技术进步水平过程中发挥着重要的作用。因此，选择地方财政科技支出占一般预算支出比重来反映技术进步水平。

为保证数据的可得性、完整性的原则，本书选取 2007—2016 年我国 30 个省份的面板数据。数据主要来自《中国统计年鉴》《中国环境统计年鉴》《中国能源统计年鉴》。表 7-1 为变量的描述性统计。

表 7-1 变量的描述性统计

变量	平均值	标准差	最小值	最大值
绿色经济效率	0.775 8	0.229 3	0.435 0	1.391 1
经济发展水平	40 660.30	22 543.44	7 878.00	118 198.00
产业结构	0.543 2	0.096 1	0.241 3	0.751 3
能源消费结构	0.770 0	0.102 5	0.310 1	0.918 9
外商直接投资	0.016 3	0.011 4	0.000 1	0.057 9
污染治理力度	0.030 0	0.010 7	0.008 5	0.067 3
技术进步	0.019 2	0.013 4	0.003 9	0.070 0

7.3 实证检验及结果分析

根据 Hausman 检验，其统计值为－17.09，说明随机效应的干扰项与解释变量不相关的假设不满足，拒绝随机效应，故采用固定效应的 SDM 进行分析会更加有效。表 7-2 为 SDM 的估计结果，发现时间固定效应模型的空间自回归系数 ρ 通过 1%的显著性检验，且拟合优度为 0.622 3，说明模型的拟合程度很高，这表明时间固定效应模型的解释力度最强，而空间固定效应模型、空间和时间固定效应模型的解释力度较弱。因此，本书的分析以时间固定效应 SDM 的估计结果为主。

观察发现，经济发展水平、产业结构、能源消费结构、污染治理力度、产业结构滞后项、能源消费结构滞后项、技术进步滞后项等均显著影响绿色经济效率。从时间固定效应模型的 R^2 和 Log-likelihood 值来看，说明模型回归效果较好。时间固定效应模型的空间自回归系数 ρ 为 0.177 9，通过了 1%的显著性水平检验，说明中国省级区域的绿色经济效率存在空间溢出效应。

表 7-2 模型回归结果

解释变量	空间固定效应	时间固定效应	空间和时间固定效应
lnEDL	−0.061 3 (−0.71)	0.370 0*** (13.28)	−0.016 5 (−0.18)
IS	0.982 7*** (5.33)	−0.476 7*** (−4.48)	0.802 5 (3.52)
ECS	−0.545 6*** (−2.70)	−0.515 6*** (−3.51)	−0.572 7*** (−2.78)
FDI	−1.969 3** (−2.18)	−1.006 9 (−1.28)	−2.162 9** (−2.31)
PCE	−1.867 1** (−2.20)	−2.003 3** (−2.47)	−1.798 6** (−2.08)
TA	−4.266 3*** (−3.61)	1.099 9 (1.20)	−4.538 8*** (−3.79)
$W\times$lnEDL	0.085 1 (0.95)	−0.089 4 (−1.65)	0.194 4 (1.17)
$W\times$IS	−0.543 1** (−2.24)	−1.493 7** (−7.15)	−0.991 1** (−2.03)
$W\times$ECS	0.683 4* (1.78)	0.951 9** (3.51)	0.5879 (1.43)

（续表）

解释变量	空间固定效应	时间固定效应	空间和时间固定效应
$W\times$FDI	−0.162 6 (−0.09)	2.829 3 (1.28)	−0.539 1 (−0.26)
$W\times$PCE	0.565 6 (0.45)	0.684 5 (0.48)	0.948 5 (0.62)
$W\times$TA	0.117 4 (0.05)	6.427 1*** (3.75)	−0.924 3 (−0.37)
ρ	0.201 6*** (3.09)	0.177 9*** (2.50)	0.156 4** (2.27)
R^2	0.433 2	0.622 3	0.100 2
Log-likelihood	391.810 7	263.846 4	395.862 6
N	300	300	300

注：***、**、*分别表示在1%、5%、10%的水平下显著；()中数据为Z检验值。

利用点估计方法来探索空间变量的空间溢出，这样得出的结果与实际存在较大偏差，即自变量的回归系数无法完全代表真实的偏回归系数[173]。因此，必须将解释变量对被解释变量的影响根据来源的不同，通过偏微分方法将其回归系数分成直接效应和间接效应。本书根据表7-2中SDM的参数估计结果，并结合上述方法，得到解释变量发生变化时对绿色经济效率造成的直接效应和间接效应（见表7-3）。

表7-3 解释变量的直接效应、间接效应和总效应

	解释变量	空间固定效应	时间固定效应	空间和时间固定效应
直接效应	lnEDL	−0.054 6 (−0.64)	0.369 9*** (12.9)	−0.005 8 (−0.06)
	IS	0.955 2*** (5.34)	−0.548 8*** (−5.82)	0.756 2*** (3.22)
	ECS	−0.497 2*** (−2.55)	−0.461 8*** (−3.34)	−0.534 4*** (−2.69)
	FDI	−2.001 3*** (−2.55)	−0.891 3 (−1.08)	−2.199 4** (−2.41)
	PCE	−1.821 6** (−2.17)	−1.945 5** (−2.39)	−1.731 0** (−2.01)
	TA	−4.240 6*** (−3.70)	1.439 6 (1.58)	−4.543 2*** (−3.91)

（续表）

	解释变量	空间固定效应	时间固定效应	空间和时间固定效应
间接效应	lnEDL	0.085 1 (0.95)	−0.031 6 (−0.54)	0.222 8 (1.16)
	IS	−0.422 0* (−1.68)	−1.851 4*** (−7.10)	−1.021 8* (−1.90)
	ECS	0.726 5 (1.58)	1.024 8*** (3.20)	0.613 5 (1.32)
	FDI	−0.665 5 (−0.32)	3.131 0 (1.18)	−0.845 5 (−0.37)
	PCE	0.197 2 (0.14)	0.358 4 (0.22)	0.834 2 (0.50)
	TA	−0.651 2 (−0.25)	7.845 3*** (3.76)	−1.644 3 (−0.57)
总效应	lnEDL	0.030 5 (0.88)	0.338 3*** (5.08)	0.217 0 (1.01)
	IS	0.533 3* (2.22)	−2.400 2*** (−8.11)	−0.265 6 (−0.39)
	ECS	0.229 3 (0.45)	0.562 9* (1.71)	0.079 1 (0.15)
	FDI	−2.666 8 (−1.25)	2.239 7 (0.73)	−3.045 (−1.22)
	PCE	−1.624 3 (−1.05)	−1.587 0 (−0.81)	−0.896 8 (−0.47)
	TA	−4.891 8 (−1.66)	9.284 9*** (3.85)	−6.187 5 (−1.92)

可以看出，经济发展水平对绿色经济效率的直接效应为0.369 9，且通过1%水平的检验，这说明经济发展对绿色经济效率有显著的正向影响。钱争鸣等(2013)指出经济发展水平和绿色经济效率之间存在"倒U型"的关系，表明随着我国经济的不断发展，绿色经济效率将出现先升后降的发展趋势。这说明当前我国仍处于绿色经济效率随着经济增长而上升的阶段。具体来说，经济发展水平高的省份，其发展方式逐渐向集约型转变，对环保的投入力度也较大，从而有助于绿色经济效率的提升。经济发展水平对绿色经济效率的间接效应为−0.031 6，但没有通过检验，即本省份经济发展水平的提升会抑制相邻省份绿色经济效率的提高，但没有产生明显效果，这可能是经济发展水平的溢出效应带动周边地区经济数量的增长，在一定程度上促进了相邻地区的经济发展，但是，这部分省份经济发展长期依赖能源的大量消耗，在不断扩大生产规模的同时，这

种粗放型的经济发展模式对当地自然环境也造成了严重的损害，阻碍了本地区经济的健康可持续发展。因此，这部分省份在依赖相邻地区经济的带动之外，也要加强自身的节能减排、发展绿色经济。

产业结构对绿色经济效率的直接效应为－0.548 8，且通过1%水平的显著性检验，说明各省份的第二产业比重的增加对本省的绿色经济效率产生了显著的负向影响，这与王亚平等(2017)的研究结论一致。随着我国工业化进程的加快，多数省份第二产业尤其是重工业处于快速增长的阶段，且能源密集型产业占比较大，使得能源消耗强度和环境污染强度一直较高，因而对绿色经济效率的增长产生一定的阻碍作用。针对我国整体产业层次较低的发展局面，近年来各地区大力发展第三产业，控制第二产业规模，促进传统工业向现代服务业的转型升级，在很大程度上有助于缓解环境问题，从而刺激本省份绿色经济效率的增长。产业结构对绿色经济效率的间接效应为负，且通过了显著性检验，这表明各省份产业结构具有显著的空间溢出效应，不仅对本省份绿色经济效率产生显著的负面影响，也会对相邻省份绿色经济效率的提升有负面效应。尤其是东部地区省份在进行高能耗、高污染的重工业产业转移时，并未兼顾中西部省份的生态环境问题，导致产业结构的空间布局极不合理。

能源消费结构对绿色经济效率的直接效应为－0.461 8，且在1%水平上通过显著性检验，这充分表明煤炭在能源消费结构中比重的增加对绿色经济效率产生了负面效应，这与一些学者的研究结论是一致的。我国属于以化石能源为主要消费类型的能源消费大国，且煤炭消耗量在能源消耗总量中一直占据较大比重。煤炭资源的持续消耗进一步增加了区域的碳排放数量，对自然生态环境的破坏显而易见。为了减少和控制碳排放，世界各国尤其是欧美发达国家积极研发清洁能源技术，广泛利用绿色能源，我国也在清洁能源的利用和发展方面逐步加大投入。能源消费结构对绿色经济效率的间接效应显著为正，说明各省份的能源消费结构具有溢出效应，即各省份增加煤炭消费比重会阻碍本省绿色经济效率的提高，但是对相邻省份绿色经济效率提升有一定的正面影响。

外商直接投资对绿色经济效率的直接效应为－0.891 3，却没有通过显著水平的检验，这充分说明外资水平的提升对绿色经济效率具有负面影响，但影响的效果不显著。改革开放以来，各省份积极实施引资战略并开展与欧美发达国家间的对外贸易，一方面，FDI在扩大当地生产规模的同时，带来了先进的生产技术和管理方法，对地区环保技术的发展起到显著的促进作用；另一方面，FDI的大量流入对当地环境造成了一定程度的污染。因此，各省份在积极引进外资的同时，要高度重视外商投资管理工作，甄选出对当地环境不造成损害的外资，这样才能更好地发挥对外开放对绿色经济发展的促进作用。此外，FDI的间接效应不显著，说明FDI具有明显的本地效应，却没有表现出显著的溢出效应，这可能是因为外商直接投资是一个地方现象，在地理空间上没有表现出明显的溢出效应，从而并未对周边区域产生积极的辐射作用。

污染治理力度对绿色经济效率的直接效应显著为负，这说明单纯依赖政府部门难以从根本上解决环境污染问题。目前我国环境污染治理工作主要由政府部门推动，政府主要通过加大环境保护财政支出来治理环境污染，而且这一措施呈现不断扩大的态势。但是，目前政府在环保投资方面存在着投资渠道单一、环保资金不足等问题。因此，各地区要加快构建环境投资机制，构建综合性的投融资战略思路，并提高工业企业对污染治理的投入力度，同时各省份要加强与其他省份在环保方面的交流和合作，从而有效促进我国整体绿色经济效率的提升。此外，污染治理力度对绿色经济效率的间接效应不显著，这说明污染治理力度是一个地区效应，并未产生明显的空间溢出效应。

技术进步对绿色经济效率的直接效应为1.439 6，没有通过显著性检验，说明各省份财政科技支出比重的增长对绿色经济效率的影响不显著。当前，中国政府对技术进步的巨大支持并未获得预定的效果，政府支持本身有利于技术创新活动，但对创新效率的促进作用并没有真正显现出来。造成这一结果的原因可能有：一是政府对资金用途监管的缺失。政府对企业技术创新活动的资金支持缺乏有效的资金用途监管机制，政府对企业获得的政府资金的用途没有加以限制，导致投入资金中很大部分用于厂房的投资建设、企业的设备更新、原材料的购买以及其他生产工作中，很难全部用于企业的技术创新活动，因此资金使用的监管不当必然影响政府资金投入的利用效率，进而影响技术创新效率的提高。二是政府与企业在技术创新活动中的目标存在差异。与政府鼓励和支持在未来较长一段时期内具有战略意义和发展前景的前沿研究不同，企业则普遍追求能够产生短期收益的应用型研究，造成政府资金投入会倾向如交通运输、医药卫生、仪器仪表等包含未来领先技术的行业企业，这类创新活动往往前期投入较大、回收周期较长，虽然这些先进技术在未来将拥有极其重要的战略地位和经济价值，但是会限制企业的短期收益，导致政府支持的部分项目对创新水平提升短期内很难有立竿见影的效果。此外，企业与政府间的信息不对称、政府的直接和间接行政干预以及后期成果评审环节不透明等问题都会降低政府资助的效果。而企业才是技术创新活动的主体，在创新体系中占据主导地位，这就要求高新技术企业重视内部研发工作，将研发中心的建设和完善作为提升企业创新能力的核心内容，这也是企业自我发展、扩大规模的必然选择。

7.4 本章小结

本章基于国内外研究成果选取影响绿色经济效率的重要因素，然后构建空间 Durbin 模型，以探究我国省域绿色经济效率的空间溢出效应。研究发现，中国省域绿色经济效率存在显著的空间溢出效应，即本地区绿色经济效率的提升有助于相邻地区绿色经济效率的提高。从直接效应看，经济发展水平对绿色经济效率的影响显著为正，说明本省份这些因素对本地区绿色经济效率起到了明显的正向促进作用；产业结构、能源消费结构、污染治理力度对绿色经济效率的影响显著为负，说明本省份产业结构能显著抑制本地区绿色经济效率的提升；外商直接投资、技术进步对本地区绿色经济效率的影响不显著。从间接效应来看，本省份能源消费结构、技术进步对绿色经济效率的间接效应显著为正，说明本省份能源消费结构和技术进步的提升对相邻省份绿色经济效率产生显著的正向空间溢出效应。本省份产业结构对绿色经济效率的间接效应显著为负，说明本省份第二产业比重的提高对相邻省份绿色经济效率的提升产生了显著的负向空间溢出效应。

第8章

结论与建议

8.1 研究结论

面对资源和环境的双重约束，如何实现我国经济的健康可持续发展，已成为未来较长时期内的一项艰巨任务。在此背景下，我国经济增长模式必须向低污染、低能耗、高效率的方向转变，走有中国特色的绿色经济发展道路，因而绿色经济效率也成为政策讨论的热点问题。鉴于此，本书基于绿色经济效率的内涵和理论基础，建立新的绿色经济效率测度指标体系，对我国省域绿色经济效率进行静态和动态分析，同时沿袭绿色 GDP 视角，从空间经济学的角度探究省域绿色经济效率的空间溢出效应。主要结论如下：

第一，通过对环境污染综合指数的估算可知，我国环境污染综合指数的区域差异较为显著。环境污染综合指数较高即污染情况较严重的省份主要分布在中部地区，环境污染综合指数较低即污染情况较轻的省份主要分布在东、西部地区。从区域层面看，中部地区的环境污染情况最为严重，其次为东部地区、西部地区，且中部和东部地区的环境污染程度呈明显下降趋势，西部地区的环境污染状况变化较小。

第二，考虑资源利用和环境代价的绿色经济效率测算结果表明，样本期间绿色经济效率总体呈现下降趋势，且低于不考虑资源、环境因素的传统经济效率。省域绿色经济效率差异明显，北京、上海、天津 3 个省份绿色经济效率排名靠前，在样本期间一直处于生产的前沿面上，甘肃、云南、青海、宁夏、新疆等省份的绿色经济效率排名靠后。三大地区的绿色经济效率存在明显差异，总体表现为由东部、中部到西部逐步降低，传统经济效率也呈现出东部、中部、西部依次递减的规律。从纵向走势来看，基于省际角度，不同省份绿色和传统经济效率的变动轨迹存在显著差异；基于区域角度，三大区域的绿色经济效率均呈波动下降态势，传统经济效率则呈现上升趋势，并伴随小幅波动。

第三，绿色经济效率的动态评价结果表明，我国绿色全要素生产率呈现“N”型增长趋势，与传统全要素生产率的变化趋势相一致。进一步分解可以发现，绿色和传统全要素生产率增长的动力主要来自技术效率提升，而两者的技术进步都出现了倒退。在省级层面，研究期内大部分省份绿色和传统全要素生产率增长主要原因是技术效率指数的提升，均出现了技术倒退的问题。在区域层面，东部地区绿色和传统全要素生产率都呈现增长态势，中部和西部地区却均有下降，且制约三大地区绿色全要素生产率和传统全要素生产率提高的主要因素均为技术倒退。另外，通过聚类分析发现，绿色经济效率高效区主要是东部沿海省份，中效区和低效区以中西部省份为主，且绿色经济效率分布情况与环境污染分布情况在空间上呈现一定的非对应性。

第四，绿色经济效率的全局空间自相关检验发现，中国绿色经济效率在地理空间上呈现较强的正相关性，具有明显的空间集聚趋势，即绿色经济效率高值（低值）地区与绿色经济效率高值（低值）地区相邻。局部空间自相关检验与全局空间自相关检验的结果基本一致。空间散点图则直观表明中国绿色经济效率主要存在空间依赖性，同时也有空间异质性。

第五，采用空间计量模型对我国绿色经济效率空间溢出效应进行实证研究发现，中国省级区域的绿色经济效率存在显著的空间溢出效应，这种空间溢出效应可以有效降低省域绿色经济效率空间格局的非均衡分布，从而提升我国整体的效率水平。从直接效应来看，除了外商直接投资和技术进步，产业结构、能源消费结构、污染治理力度会显著抑制本地区绿色经济效率的提升，经济发展水平则对本地区绿色经济效率产生显著的正向促进作用。从间接效应来看，能源消费结构、技术进步对相邻地区绿色经济效率产生显著的正向空间溢出效应，产业结构对相邻地区绿色经济效率具有显著的负向空间溢出效应，而经济发展水平、外商直接投资、污染治理力度对相邻地区绿色经济效率的空间溢出效应不显著。

8.2 对策建议

本书研究结论给予我们的启示是，“十四五”期间，中国首先应立足基本国情，将增强国家可持续发展能力作为绿色经济增长的出发点，拉动经济走出下行压力的雾霾，提高我国生态环境的总体质量。各地区要结合当地实际发展状况，充分利用绿色经济效率的空间溢出效应，思考经济发展水平、外商直接投资、能源消费结构、污染治理力度、产业结构、技术进步等因素对绿色经济效率的不同影响，以创造有利于促进地区绿色经济发展的优良环境。具体来说，主要对策建议如下：

(1) 转变经济发展方式。中国要摒弃单纯追求GDP增长、以牺牲生态环境为代价的发展方式，尽最大努力向绿色经济转型，这是加快提升绿色经济效率的基本要求。中国的节能减排工作已经取得了初步成效，但为了进一步提升绿色经济效率，必须加快出台有效的环境保护政策，通过深化体制改革、加强环境污染监管等方式，促进环境保护、资源节约和经济发展的高度协调。

(2) 加强区域合作与交流。各地区要加强在环境保护、生态建设、经济发展、技术创新等方面的合作和交流，搭建起区域合作平台。东部地区要充分利用自身优势，发挥积极的辐射带动作用，加快资本、技术、人才等要素向中西部地区的流动和扩散，以带动中西部地区绿色经济效率的提高。中西部地区要借鉴东部地区的发展经验，在环境治理、产业发展、国际贸易等方面调整发展方向，以缩小与东部地区的差距。

(3) 加快调整产业结构。产业结构调整和优化是发展绿色经济的重要动力，也涉及产业结构的转移。东部地区在开展高能耗、高污染的重工业转移工作中，一方面要优化本地区产业结构，提高环境保护力度；另一方面，还要兼顾中西部地区的生态环境问题，需要基于全国层面科学安排污染企业的空间转移，优化整体的产业结构空间布局。中西部地区要坚持走节能降耗、合理利用资源的可持续发展道路，可结合当地的地理区位和资源优势，大力发展旅游、光伏、绿色农业等产业，同时依靠税收优惠等政策，引导企业加强节能减排工作。

(4) 优化能源消费结构。我国长期以来存在能源利用率低、能源消费结构不科学等问题，这也是环境问题长期难以改善的深层原因。中西部地区在利用当地能源禀赋发展地方经济的同时，需要改善其能源消费结构，要发挥本地区的自然资源优势，大力开发核能、风能、太阳能等新能源，进一步降低化石能源的消费比例。同时，在城镇化建设进程中要避免大规模的环境污染，重视环境质量的日益改善。可通过搭建绿色金融体系、加强绿色环保领域投资等方式，进一步提升区域绿色经济效率水平。

(5) 提高外资引进水平。外商直接投资对我国绿色经济效率产生了显著的负面效果，为此，我国必须逐渐加强对外资引进的管理力度，大力引进技术水平高且能源消耗低的外资企业，同时拒绝高能耗、高排放、低效率外资的引入。此外，进一步加强先进技术和管理经验的空间溢出效应，从而提升我国整体外资技术的引进水平。另一方面，针对国际贸易中可能造成的“污染天堂”问题，我国应通过加强与发达国家的贸易合作，限制高污染、高能耗等产品的出口，提高低污染、低能耗等高技术产品的出口比重。

（6）提升区域科技水平。当前，科技创新对于绿色经济发展并未产生明显的正效应，表明地方政府的财政科技支出对生态环境改善尚未产生理想效果。这与地方财政科技资金的利用和监管水平偏低有关。为此，各地政府要构建合理的科技资金用途监管机制，完善科技资金监管的相关规章制度，提高政府科技补助资金的利用效率，从而有效解决财政科技资金的滥用问题，保障科技活动的顺利开展。同时，中西部地区要利用东部地区的知识溢出，在技术、人才和管理方面开展广泛交流与合作，从而改善本地区企业的技术创新能力。

（7）建立健全城市绿色经济发展政策体系。地方政府要因地制宜地制定符合城市特点的绿色经济发展政策体系。对于经济发达的常州等城市，要加快发展以促进技术进步为核心的生产性服务业和以满足居民生活需求为核心的生活性服务业以及节能环保产业、清洁能源产业、清洁生产产业；适度增加对绿色环保行业的财政投入水平，完善环保行业技术创新体系，提高节能减排技术水平，并促进环保技术投资市场化，发挥环保技术投资正外部性；在城镇化建设进程中要避免大规模的环境污染，重视环境质量的日益改善；提高能耗、安全生产、生态环保、技术准入标准，确保企业能效和污染物排放满足相关要求，并有序分类推进产能过剩和相对低端的企业淘汰工作；积极参与国际分工，加快制定完善对外直接投资的相关政策制度，为企业“走出去”提供可靠的政策支持，并且企业对外投资要减少“避难转移”的行为；筛选本市具有资源优势、环境优势的核心绿色企业作为关键扶持企业，根据其完善本市绿色产业链，形成上游、核心、下游绿色企业的纵向绿色供应链；大力宣传绿色发展理念，倡导简约适度、绿色低碳的生活方式，反对奢侈浪费和不合理消费。

（8）促进生产性服务业良性集聚。长期以来，生产性服务业在本地区内的关联度很小，缺乏上下游配套协作、共享共担的抱团发展机制，难以形成集群发展。因此，要支持和鼓励生产性服务业的集聚发展，促进生产性服务业与上下游行业的协同集聚，并加强与相邻地区生产性服务业之间的合作和交流，构建优势互补、协同发展的分工合作格局。地方政府要有序减少地区保护主义和市场封锁，消除因行政区划所造成的要素流动的体制性障碍，加快培育具有地方特色的生产性服务业集群。同时，要构建生产性服务业交流平台，促进相邻地区生产性服务业的合作交流，促进生产性服务业集群中的知识溢出，并改善知识溢出的渠道和方式。此外，各地区要根据当地战略定位、产业结构、要素禀赋和层级分工，选择适宜的生产性服务业集聚模式，推进不同城市之间和城市群内部生产性服务业多样化和专业化的战略分工，并制定差异化的生产性服务业集聚政策，实现生产性服务业的整体高质量集聚发展。

8.3　研究展望

为了进一步促进绿色经济发展，在资源和环境约束下寻找提升绿色经济效率的空间，同时针对我国绿色经济效率在空间上表现出的外溢性进行分析，将为我国因地制宜地制定适合区域发展的政策体系提供指导。但是，限于方法和数据的局限性，在以后的研究中还有待进一步探究的方向：

第一，从环境污染综合指数的衡量指标来看，尽管本书选取的指标要优于以前的单要素评价指标，但学术界尚未建立统一的衡量指标，因而环境污染综合指数的衡量指标有待进一步完善。

第二，本书采用传统的 Malmquist 指数方法对绿色全要素生产率进行测度，其中用相对绿色 GDP 即地区生产总值与环境污染综合指数的比值作为产出指标。但是，曼奎斯特生产率指数是基于产出距离函数计算的，下一步可考虑采用包含非期望产出的生产率指数计算。

第三，本书选取的测算绿色经济效率的投入产出指标以及绿色经济效率的主要影响因素指标，均是借鉴以往的文献，选取指标的过程可能存在片面性，今后可以在这些指标体系的构建上进一步完善。

专题研究 1

中国城市绿色经济效率评价研究——以常州市为例

绿色发展的理念得到了越来越广泛的认可，为诸多地区经济转型和产业结构调整指明了方向。常州市作为东部发达城市之一，工业化和城镇化进程不断加快，经济和社会发展水平位居全省前列。2018 年全市经济社会平稳运行，各项工作取得积极进展。经初步核算，全年实现 GDP 达 7 050.3 亿元，按可比价计算较上年增长了 7%，增速居全省第三。全市规上工业企业增加值按可比价计算增长 6.6%，增速高于全省平均水平 1.5 个百分点。人均地区生产总值达到 14.9 万元，按平均汇率折算达 2.3 万美元，按照世界银行 2017 年 7 月 1 日的收入分组标准，已达到高收入国家的水平。经济总量的快速增长，为常州市综合实力的快速提升提供了充足动力，但是常州市人口密度较大，自然资源相对匮乏，面临水污染和缺水、空气污染和酸雨等各类生态环境问题。在此背景下，常州市对经济绿色发展高度重视，并取得了一系列成果。基于此，如何科学评价常州市当前的绿色经济发展水平，是推动常州市绿色发展的基础性工作，也是进一步提升常州市绿色经济效率的重要前提。本研究从政策视角和学术视角分析影响绿色经济效率的影响因素，并提出提高常州市绿色经济效率的对策建议，具有重要的理论意义和实践价值。

1.1 指标选取与数据来源

绿色经济效率是衡量区域经济发展的绿色化程度，是对综合考虑资源利用和环境代价的区域经济发展质量的评估。借鉴国内外的研究成果，本章主要从投入产出角度进行绿色经济效率指标选取。其中，投入指标具体可分为非资源投入指标和资源投入指标。非资源投入要素包括劳动和资本投入，其中，限于统计资料的匮乏，我国现有的实证研究中多数学者仅考虑劳动者的数量，同样地，本章也采用年末从业人员数作为劳动力指标；资本投入用资本存量度量，考虑到资本存量没有可供直接使用的现存数据，同时本章测算江苏自改革开放以来的资本存量，发现固定资产投资与固定资本形成基本保持一致的增长趋势。由于数据包络分析(DEA)方法以及相关方法测算出的均是相对效率，在数据样本不变的前提下所测算的效率值并不会产生较大偏差。因此，本章采用地区全社会固定资产投资总额衡量资本投入，并将其折算为2009年的不变价水平。资源投入要素主要为能源投入，本章选用折算成标准煤的规上工业企业生产综合能源消费量(以下简称“综合能源消费量”)以及工业用电量作为能源投入的衡量指标。产出指标分为期望产出和非期望产出两种。其中，期望产出代表绿色发展的期望成果，目前最常用、最直观反映产出水平的指标为国内生产总值(GDP)，因而本章采用地区GDP作为绿色发展的期望产出衡量指标，并以2009年基期进行折算。非期望产出指标衡量经济发展过程中对环境造成的破坏程度，过去采用单一的环境污染排放物作为衡量指标，并不能完全反映我国经济发展对自然生态环境所产生的影响，因而本章利用地区化学需氧量排放量、氨氮排放量、二氧化硫排放量、氮氧化物排放量、工业固体废弃物产生量数据，基于熵权法测算出环境污染综合指数，代表绿色发展过程中的非期望产出。

鉴于数据的可得性、完整性的原则，本章选取2009—2018年常州市的统计数据，数据资料来自2010—2019年《常州统计年鉴》，其中，针对个别年份出现数据缺失情况，用临近点的线性趋势方法补齐。各指标的描述性统计见表1-1。

表1-1　绿色经济发展投入产出指标的统计描述

	单位	个案数	最小值	最大值	平均值	标准差
从业人员数	万人	10	251.56	282.20	277.05	9.45
全社会固定资产投资	亿元	10	1 704.77	3 943.38	2 773.14	752.31
工业用电量	亿千瓦时	10	205.41	373.05	299.10	530.14
综合能源消费量	万吨	10	1 267.16	1 827.98	1 598.15	187.04
地区生产总值	亿元	10	2 560.88	6 589.04	4 382.36	1 385.37
化学需氧量排放量	吨	10	6 647.00	26 354.00	11 094.10	7 690.84

（续表）

	单位	个案数	最小值	最大值	平均值	标准差
氨氮排放量	吨	10	321.00	512.00	412.63	67.05
二氧化硫排放量	吨	10	22 888.00	62 555.00	37 856.90	11 202.30
氮氧化物排放量	吨	10	45 903.00	95 366.24	69 384.58	17 796.16
工业固体废弃物产生量	万吨	10	303.60	680.47	583.72	148.45

注：从 2013 年起，全社会从业人员及三次产业从业人员根据人口抽样调查数据推算。2013 年以前固定资产投资完成额为全社会口径。

可以看出，2009—2018 年常州市 GDP 最小值为 2 520 亿元，最大值为 7 359.67亿元，说明研究期间常州市经济发展水平波动较大；从业人员数、全社会固定资产、工业用电量、综合能源消费量四个指标数据的最小值和最大值间也存在较大差异，这进一步表明，以劳动力、资本和能源等为代表的自然禀赋条件在研究期间也存在明显差异；从反映环境污染情况的指标来看，氨氮排放量、二氧化硫排放量、氮氧化物排放量、工业固体废弃物产生量的最大值和最小值均存在较大差距，表明常州市环境污染状况在研究期间变化较为显著。

1.2 常州市能源利用和环境概况

常州市作为我国城市化和工业化进程最为迅速的城市之一，也是近代中国民族工商业的发祥地之一，以经济发达、工商比翼而著称。如今常州市以农机制造业、输变电设备制造业、新型材料工业、汽车及配件制造业、新型纺织服装业四大支柱为龙头，带动电子信息、新型材料工业、生物医药及精细化工三大新兴产业的发展，着力打造先进制造业基地，规模和品牌效应逐渐显现。但是，随之而来的是严重的环境污染问题。然而，传统污染问题尚未得到有效解决，重金属、危险废物等新一代污染问题又逐渐显现，经济社会发展与环境承载力之间的矛盾日益凸显，生态环境质量与居民的需求的差距不断拉开。在“十四五”时期，常州市经济发展方式将面临根本性改变，由速度规模型转向质量效率型。但是，资源环境问题仍然是制约常州市经济社会发展的重要因素。

1.2.1 常州市能源利用现状分析

常州市人多地少、自然资源匮乏，部分能源需要进口或从外省调入。90%以上的煤炭、原油、天然气等一次性能源均依赖从省外调入。随着公用事业的不断发展，用电量大幅增长，2018 年全社会用电量 489.7 亿千瓦时，较上年增长 7.6%，其中城乡居民生活用电 50.5 亿千瓦时，工业用电 373.05 亿千瓦时，分别增长12.7%、6.2%。除矿产资源较贫乏外，常州市其他资源较为丰富，如水资源，由于地处江南，为亚热带季风气候，夏季高温多雨，降水丰沛，河网密布，水资源条件较好。受季风影响形成亚热带常绿阔叶林，生物属性较多。

表 1-2 为 2009—2018 年常州市主要能源消耗情况。可以看出，常州市工业用电量和规模以上工业企业生产综合能源消费量均呈现增长的趋势，年均增长率分别为 6.85%和 3.79%，说明常州市总体能源消耗仍在不断增长，且两者在研究期内均有小幅波动。与此同时，常州市单位 GDP 用电量呈现下降的趋势，年均下降 3.80%；常州市单位 GDP 能耗在研究期内也逐渐降低，年均下降6.55%。图 1-1 反映了 2009—2018 年常州市单位 GDP 用电和单位 GDP 能耗的变化情况。这表明常州市在经济发展过程中对能源资源的利用效率不断提升，未来仍然需要突破自然资源禀赋的限制，大力推进供给侧结构性改革，提高绿色经济发展水平。

表 1-2　2009—2018 年常州市主要能源消耗情况

年份	工业用电量（万千瓦时）	单位 GDP 用电（万千瓦时/万元）	规上工业企业生产综合能源消费量（单位：万吨）	单位 GDP 能耗（吨/万元）
2009	2 054 100	0.080 2	1 267.16	0.494 8
2010	2 318 200	0.084 8	1 346.97	0.492 7
2011	2 672 100	0.082 4	1 475.74	0.454 9
2012	2 778 800	0.076 7	1 544.75	0.426 4
2013	3 080 600	0.075 5	1 617.47	0.396 2
2014	3 160 900	0.069 7	1 667.76	0.367 9
2015	3 254 900	0.066 2	1 709.43	0.347 5
2016	3 347 800	0.061 8	1 752.72	0.323 6
2017	3 512 100	0.057 4	1 827.98	0.298 6
2018	3 730 500	0.056 6	1 771.52	0.268 9

注：综合能源具体包括原煤、洗煤、焦炭、天然气、汽油、煤油、柴油、燃料油、液化石油气。

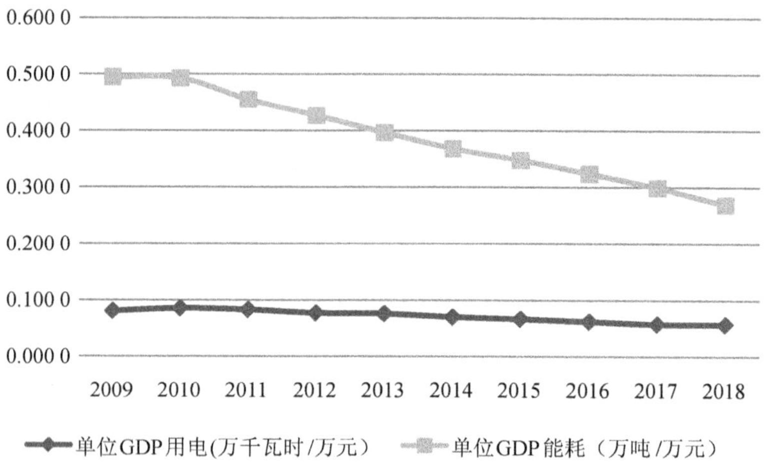

图 1-1　常州市单位 GDP 能源资源消耗情况

为了进一步了解常州市综合能源消耗的具体情况，本书分别从地区和行业视角对常州市综合能源消耗量进行分析：(1)从图 1-2 常州市各区域综合能源消费量来看，武进区的综合能源消耗量最高，其次分别是经开区、溧阳市、新北区、金坛区、天宁区，钟楼区的综合能源消耗量最低。各个区域的综合能源消耗量呈现较大的差异，除了武进区、经开区、溧阳市、新北区 4 个区域外，其余 3 个区域综合能源消耗量均低于 100 万吨标准煤，这主要与各区域的产业结构相关，工业企业占比较小的区域往往对能源的需求和消耗量较低。(2)从图 1-3 常州市轻工业和重工业综合能源消耗量比例可以看出，轻工业综合能源消耗量占总体的 70.4%，而重工业综合能源消耗量只占 29.6%，造成这一现象的原因是常州市轻工业发达，如纺织、食品、生活用品、文化用品等工业企业数量较多，因而对能源资源的消耗较高。(3)从表 1-3 常州市各行业综合能源消费量占比情况来看，黑色金属冶炼及压延加工业的综合能源消费量占比最高，为 50.545%，其次是非金属矿物制品业(14.036%)、电力、热力生产和供应业(13.516%)。综合能源消费量占比超过 1%的行业共 11 个，主要为化学品制造、金属制品、电气机械及器材制造等重工业，其余 22 个行业综合能源消费量占比低于 1%，且多数为纺织服装、家具制造、造纸及纸制品等轻工业。

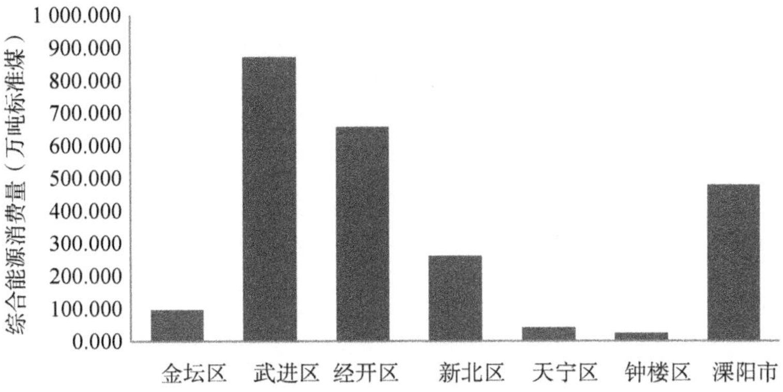

图1-2　常州市各区域综合能源消费量

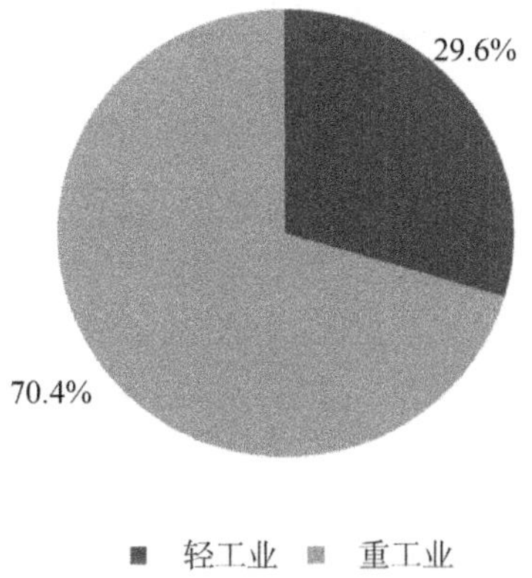

图1-3　常州市轻重工业综合能源消费量比例

表1-3　常州市各行业综合能源消费量占比

行业	比重	排名	行业	比重	排名
非金属矿采选业	0.046%	26	非金属矿物制品业	14.036%	2
农副食品加工业	0.091%	25	黑色金属冶炼及压延加工业	50.545%	1
食品制造业	1.341%	10	有色金属冶炼及压延加工业	0.488%	15
酒、饮料和精制茶制造业	0.036%	27	金属制品业	1.600%	7
纺织业	2.956%	5	通用设备制造业	1.394%	8

（续表）

行业	比重	排名	行业	比重	排名
纺织服装、服饰业	0.322%	18	专用设备制造业	1.384%	9
皮革、毛皮、羽毛及其制品和制鞋业	0.030%	28	汽车制造业	0.528%	14
木材加工及木、竹、藤、棕、草制品业	0.155%	22	铁路、船舶、航空航天和其他运输设备制造	0.403%	17
家具制造业	0.015%	32	电气机械及器材制造业	2.493%	6
造纸及纸制品业	0.197%	21	计算机、通信和其他电子设备制造	1.112%	11
印刷和记录媒介复制业	0.100%	24	仪器仪表制造业	0.207%	20
文教、工美、体育和娱乐用品制造业	0.469%	16	其他制造业	0.001%	33
石油加工、炼焦及核燃料加工业	0.024%	30	废弃资源综合利用业	0.021%	31
化学原料及化学制品制造业	4.921%	4	电力、热力生产和供应业	13.516%	3
医药制造业	0.580%	13	燃气生产和供应业	0.026%	29
化学纤维制造业	0.235%	19	水的生产和供应业	0.147%	23
橡胶和塑料制品业	0.581%	12			

1.2.2 常州市环境污染排放现状分析

改革开放以来，常州市经济社会发展迅速，经济总量持续扩大。2018 年常州市 GDP 占全省的 7.21%，经济总量居全省第五位。与此同时，污染物排放总量也维持在较高水平，总体仍然处于生态环境高污染、高风险的状态。表 1-4 为常州市历年（2009—2018 年）主要污染物排放量，图 1-4 为 2009—2018 年常州市主要污染物排放强度。污染排放强度是将主要污染物排放数据进行无量纲化处理后得出。可以看出，在整个研究期内常州市化学需氧量排放量、二氧化硫排放量、氮氧化物排放量均出现下降态势，氨氮排放量呈现“N”型的变化趋势，工业固体废弃物排放量不断上升。

从化学需氧量排放情况来看，常州市化学需氧量下降幅度较大，2011 年较上年排放量猛降。随后，出现小幅下降态势。从氨氮排放情况来看，“十一五”期末，常州市氨氮排放量为 385 吨，“十二五”期初出现大幅上升，2011 年增长到 512 吨，较上年增加 32.99 个百分点，之后开始持续下降，在 2013 年和 2014 年降至321吨，进入“十三五”之后开始波动上升，截至2018达到486吨。氨氮排放量在整个研究期内呈现“N”型的变化趋势。从二氧化硫排放情况来看，在整个研究期内，常州市二氧化硫排放呈现持续减少的变动趋势，年均减排4 407.44吨，年均排放削减7.05个百分点。其中，“十二五”期间的二氧化硫排放量出现大幅下降，2015年较2010年排放量减少13 778吨，年均减排4 526.67吨，年均排放削减9.43个百分点。从氮氧化物排放情况来看，在整个研究期间，常州市氮氧化物排放量呈现下降的态势，截至2018年末，10年内减排氮氧化物49 463吨，年均减排5 495.89吨，年均排放削减5.76个百分点。从工业固体废弃物排放情况来看，“十一五”期末常州市工业固体废弃物排放量处于较低状态，进入“十二五”之后，排放量迅速增长，2011年较2010年排放量增长了105.46％，达到623.79万吨，之后保持缓慢增长。

表1-4　2009—2018年常州市主要污染物排放量

年份	化学需氧量排放量（吨）	氨氮排放量（吨）	二氧化硫排放量（吨）	氮氧化物排放量（吨）	工业固体废弃物排放量（万吨）
2009	26 354	378	62 555	95 366	311.94
2010	24 827	385	48 000	89 593	303.60
2011	9 416	512	43 734	85 823	623.79
2012	8 158	398	35 984	81 708	584.13
2013	6 948	321	35 830	72 646	666.85
2014	7 046	321	35 308	58 510	675.65
2015	7 446	422	34 420	58 492	680.47
2016	7 232	412	31 683	54 040	675.32
2017	6 867	491	28 167	51 765	644.81
2018	6 647	486	22 888	45 903	670.63

为了反映常州市环境污染程度的总体情况，本书利用化学需氧量排放量、氨氮排放量、二氧化硫排放量、氮氧化物排放量、工业固体废弃物排放量的统计数据，采用熵值法对常州市2009—2018年环境污染综合指数进行测算，结果见表1-5。其中，5种环境污染物权重最高的为化学需氧量排放量，其后依次为氨氮排放量、氮氧化物排放量、二氧化硫排放量、工业固体废弃物排放量，可以看出，化学需氧量对增加常州市环境污染程度的影响较大，工业固体废弃物对增加环境污染程度的作用最弱。

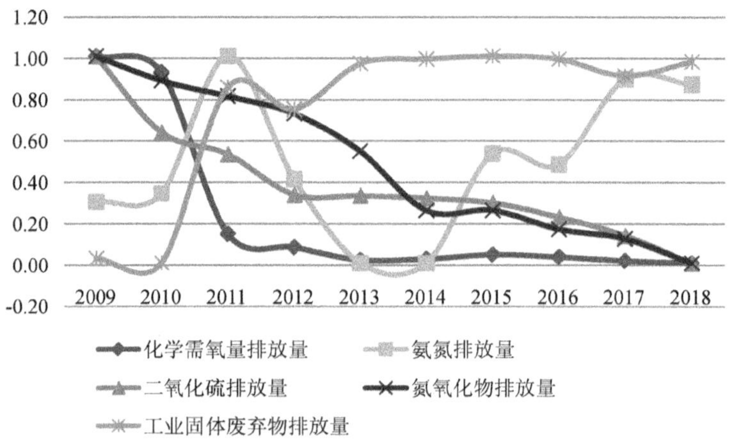

图 1-4　2009—2018 年常州市主要污染物排放强度

图 1-5 为常州市环境污染综合指数的变化趋势，可以发现，研究期内常州市环境污染综合指数呈现下降的趋势，2018 年较 2009 年下降了 62.69%，说明常州市环境污染问题得到明显改善。其中，2011 年环境污染综合指数较上一年下降幅度最大，达到 27.37%，这可能与常州市进入"十二五"以来加大环境污染治理力度、推进节能减排和环境保护工作有关。2015 年环境污染综合指数较上一年出现小幅增长，随后持续下降，2018 年较上一年下降幅度达到 11.12%。可能的原因是，近年来常州市利用自身经济优势开展绿色技术研发，增加污染治理投入资金，从而不断降低环境污染排放强度。

表 1-5　2009—2018 年常州市环境污染综合指数

年份	指数	相对上一年变化率
2009	34 295.49	—
2010	30 930.58	−9.81%
2011	22 463.56	−27.37%
2012	20 285.75	−9.69%
2013	18 371.49	−9.44%
2014	16 315.84	−11.19%
2015	16 412.47	0.59%
2016	15 327.32	−6.61%
2017	14 397.78	−6.06%
2018	12 796.85	−11.12%

图 1-5　常州市环境污染综合指数变化趋势

1.3　常州市绿色经济效率测度结果与分析

1.3.1　常州市绿色经济效率的测算方法与结果

本书运用 SBM 模型测算出考虑能源投入和非期望产出的绿色经济效率。当前，国内外测算效率的方法大体上分成参数法、非参数法两类。参数法中的随机前沿分析(SFA)在经济学、管理学等学科中较为常用。SFA 法需要提前设定生产函数和误差项的数学形式，这会在一定程度上影响实证结果。非参数法不需要设置生产函数的具体形式，也无须估计参数，在一定程度上减小了测度结果的主观性。非参数法中以数据包络分析(DEA)方法的应用最为广泛。但是，传统 DEA 方法如 CCR、BCC 等多是径向的或角度的[149]，这样既没有充分考虑到投入或产出的松弛性问题，也无法测算包含非期望产出的效率值。面对上述这些问题，Fare 等[153]提出了包含“非合意要素”的数据包络分析方法，Tone[154]在此基础上提出一种基于松弛变量(SBM)评价决策单元相对效率的方法。与传统的 DEA 不同，SBM 直接将松弛变量引入到目标函数中，使得 SBM 的经济解释不单是实现收益最大化，并且是获得实际利润最大化。此外，为了对比，采用 DEA 测算出不考虑能源消耗和环境代价的传统经济效率。

运用 MAXDEA 软件测算 2009—2018 年常州市的绿色经济效率值，同时，为了全面分析其与不考虑资源消耗和环境成本代价的传统经济效率的差异，本书采用 DEA-Solver 软件测算出不考虑能源投入和环境污染，以 GDP 为产出指标的传统经济效率进行比较分析。两种经济发展效率反映了在考虑和不考虑资源消耗与环境污染两种情况下的相对效果，结果如表 1-6 所示。可以看出，考虑能源利用和环境因素后的绿色经济效率均值为 0.660，且低于不考虑资源环境因素的传统经济效率均值(0.922)，说明能源投入和环境污染指标的引入对常州市绿色经济效率水平产生较大的影响，同时说明 SBM 模型测算出的绿色经济效率更加符合实际情况。

表 1-6　2009—2018 年常州市传统经济效率和绿色经济效率值

年份	传统经济效率	相对上一年变化率	年份	绿色经济效率	相对上一年变化率
2009	0.884	—	2009	0.453	—
2010	0.865	−2.15%	2010	0.446	−1.44%
2011	0.916	5.90%	2011	0.498	11.68%
2012	0.862	−5.90%	2012	0.527	5.80%
2013	0.918	6.50%	2013	0.581	10.24%
2014	0.888	−3.27%	2014	0.637	9.69%
2015	0.930	4.73%	2015	0.688	7.86%
2016	0.959	3.12%	2016	0.766	11.46%
2017	1.000	4.28%	2017	1.000	30.50%
2018	1.000	0.00%	2018	1.000	0.00%
均值	0.922		均值	0.660	

图 1-6 为常州市传统经济效率和绿色经济效率的时间变化趋势，可以看出，考虑能源投入和环境质量的绿色经济效率呈现波动上升的趋势，其效率值由 2009 年的 0.453，增长至 2018 年的 1.000，年均增长率为 9.20%。同时仅有 2010 年的绿色经济效率相对上一年出现小幅下降，下降了 1.44 个百分点，其余年份均出现不同程度增长，其中，2017 年绿色经济效率增幅最大，达到 30.50 个百分点，说明常州市在资源利用效率和环境损害治理方面不断改善。这一结果与常州市制定并严格推行一系列促进节能减排的政策措施有关。在“十二五”“十三五”期间，常州市加快建设节能减排降碳工程、狠抓重点领域节能减碳，并强化政府环境管制的责任，推动绿色经济转型。不考虑能源投入和非期望产出的传统经济效率总体呈现增长的趋势的情况下，年均增长率为 1.90%，但是在 2010 年和 2014 年分别出现了小幅下降，分别下降了 2.15%、3.27%。传统经济

效率没有考虑能源利用和环境问题，测算的效率值高于实际情况，这表明单纯追求经济数量增长而忽视资源环境问题将难以实现常州市的高质量发展。

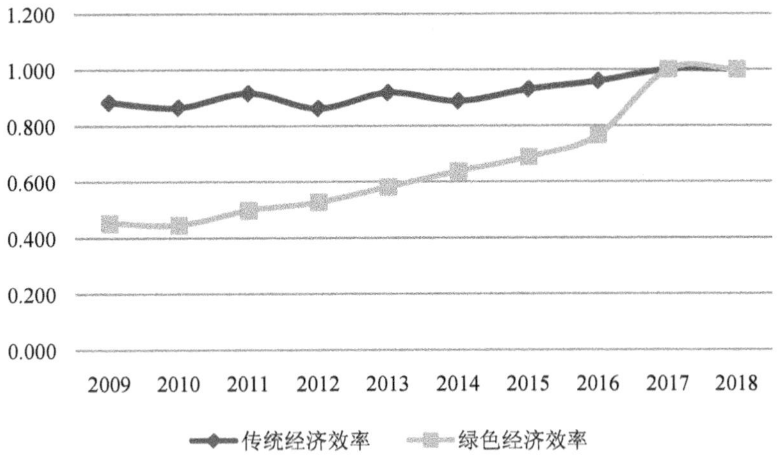

图1-6　常州市传统经济效率和绿色经济效率变化趋势

1.3.2　常州市绿色经济效率冗余度分析

本书利用SBM计算出常州市绿色发展的投入和产出松弛变量，松弛变量可以表征实际投入（产出）与最佳投入（产出）之间的差值。松弛变量与实际投入（产出）的比值即为冗余度，采用投入和产出要素的冗余度分析，进而从内部视角分析常州市绿色经济效率变化的原因，为提高常州市绿色经济效率提供决策参考。计算结果见表1-7。

表1-7　2009—2018年常州市绿色经济效率冗余度

	资源投入冗余度				产出冗余度	经济无效率
	从业人员数	全社会固定资产投资	工业用电量	综合能源消费量	环境污染综合指数	
2009	56.400%	10.098%	29.415%	45.665%	85.498%	0.000%
2010	56.955%	12.034%	33.235%	45.434%	82.835%	0.000%
2011	49.972%	6.866%	31.265%	40.898%	71.953%	0.000%
2012	44.775%	12.405%	26.180%	36.940%	65.312%	0.000%
2013	37.754%	6.656%	24.969%	32.139%	56.841%	0.000%
2014	30.903%	9.753%	18.798%	26.916%	46.036%	0.000%

（续表）

	资源投入冗余度				产出冗余度	经济无效率
	从业人员数	全社会固定资产投资	工业用电量	综合能源消费量	环境污染综合指数	
2015	25.031%	5.427%	14.443%	22.639%	41.795%	0.000%
2016	17.576%	2.453%	8.415%	16.928%	31.379%	0.000%
2017	0.000%	0.000%	0.000%	0.000%	0.000%	0.000%
2018	0.000%	0.000%	0.000%	0.000%	0.000%	0.000%

从 2009 年来看，从业人员数的冗余度最高，达到 56.400%，其次是综合能源消费量（45.655%）和工业用电量（29.415%），全社会固定资产投资的冗余度最低，为 10.098%。随后各种资源投入冗余度呈现波动下降的趋势，表明常州市对生产资源的利用效率在不断提升。此外，环境产出冗余度在 2009 年最高，达到 85.498%，随后开始不断降低。

表 1-8 为 2009—2018 年各投入要素对资源冗余度的贡献度（各投入冗余度/投入冗余度之和），可以看出，对资源冗余度影响最大的是劳动力投入冗余，其次是能源投入和资本投入冗余，且劳动力和能源投入冗余的贡献度共 92.22%，说明劳动力和能源的投入过度是造成常州市资源无效率的主要原因。这也表明常州市经济发展整体上仍未摆脱规模性扩张的模式，仍然需要大量劳动力和能源消耗来换取经济的增长。同时，劳动力和能源投入冗余度在持续降低，说明常州市劳动生产率和能源利用效率在不断进步，正在通过产业转型升级、技术进步以及制度保障来推动绿色经济发展。这也意味着实现资源要素的集约利用，是提高常州市绿色经济效率的重要途径。此外，全社会固定资产投资的冗余度在研究期内保持较低的水平，说明常州市对固定资本的利用效率较高，较少存在闲置资本的情况。

表 1-8　2009—2018 年各类投入冗余度的贡献度

年份	各项投入冗余度对资源冗余度的贡献			
	从业人员数	全社会固定资产投资	工业用电量	综合能源消费量
2009	39.84%	7.13%	20.78%	32.25%
2010	38.57%	8.15%	22.51%	30.77%

（续表）

年份	各项投入冗余度对资源冗余度的贡献			
	从业人员数	全社会固定资产投资	工业用电量	综合能源消费量
2011	38.74%	5.32%	24.24%	31.70%
2012	37.22%	10.31%	21.76%	30.71%
2013	37.19%	6.56%	24.60%	31.65%
2014	35.78%	11.29%	21.76%	31.17%
2015	37.06%	8.04%	21.38%	33.52%
2016	38.74%	5.41%	18.55%	37.30%
2017	—	—	—	—
2018	—	—	—	—
均值	37.89%	7.78%	21.95%	32.38%

1.4　提高常州市绿色经济效率的对策建议

常州市要加快绿色发展的进程，需要立足本市实际情况，严格落实相关环节政策制度，依靠绿色发展理念引领经济升级转型，形成节约资源保护环境的产业结构、空间格局、生产方式和生活方式，全面推进经济高质量发展。

（1）提高污染资金使用效率，增进区域合作与交流

近年来常州市社会经济发展水平不断提升，需要提高污染治理资金的使用效率，加强资金使用的规范性、有效性和安全性，并适度增加对绿色环保行业的财政投入水平；加快出台有效的环境保护政策，通过深化体制改革、加强环境污染监管等方式，促进环境保护、资源节约和经济发展的高度协调。同时，常州市需要加强与相邻城市在环境保护、生态建设、产业发展、国际贸易等方面的合作，搭建起区域合作平台，从而实现绿色经济效率的整体提升。

（2）加快产业结构优化，科学安排产业转移

常州市一方面需要进一步改变依赖第二产业发展的固有模式，促进三大产业的协调发展，加快发展以提高生产效率、促进工业技术进步为核心的生产性服务业和以满足居民生活需求、方便群众生活为核心的生活性服务业，以及节能环保产业、清洁能源产业、清洁生产产业。同时，加快落后产业和设备的淘汰、改造和升级，最大限度地降低经济生产过程中的污染排放。另外，在进行高能耗、高

污染的制造业转移时不能只考虑当地的环境问题，还要兼顾相邻城市的环境问题，从空间上合理安排污染企业的转移，优化产业结构的空间布局。

(3) 优化能源消费结构，提高节能环保标准

长期以来常州市存在能源利用率低、能源消费结构不科学等问题，这也是环境污染治理效果不佳的深层次原因。常州市在利用能源资源发展经济的同时，需要改善本地区能源消费结构，降低煤炭等化石能源的消费比重。同时，在城镇化建设进程中要避免大规模的环境污染，重视环境质量的日益改善。可通过搭建绿色金融体系、增加绿色环保领域投资、促进节能环保技术进步等方式，进一步提升区域绿色经济效率水平。此外，提高能耗、安全生产、生态环保、技术准入标准，确保企业能效和污染物排放满足相关法律法规、技术标准和要求，并制定产能过剩和相对低端的企业名单，有序分类，推进淘汰工作。

(4) 提高外资引进水平，转变对外投资发展方式

常州市必须加强对外商投资的管理力度。外资的引进要结合常州市的产业升级和结构调整，吸引外资进入能耗低、污染少的产业，并引导外资参与污染严重、能耗较大的传统产业的改造。同时，在对外贸易中，注意进出口商品的选择，严格控制造成严重污染的产品出口，提高低污染、低能耗等高技术产品的出口比重。此外，以积极主动的方式参与国际分工，加快制定、完善对外投资的相关政策制度，为企业"走出去"提供可靠的政策支持，规范企业对外投资要减少"避难转移"的行为，即鼓励企业在对外投资中注重学习和引进发达国家的技术和管理经验，进而通过逆向技术溢出实现产业结构高端化。

(5) 拓展绿色产业链，加强高技术人才培养与引进

常州市要遴选出本市具有资源优势、环境优势的核心绿色企业作为关键扶持企业，根据其完善本市绿色产业链，形成上游、核心、下游绿色企业的纵向绿色供应链；大力引进以绿色技术为主导、发展前景好的企业，为本市绿色企业发展提供技术和资金支持。同时，需要定期检查产业链的实施效果，根据实际问题及时调整发展战略。另外，常州市需要着重培养与绿色产业发展有关的人才，采用高福利等方式吸引并留住企业高技术人才，并解决这些人才在工作和生活中遇到的多种问题；鼓励企业建立工程中心、技术中心、博士后工作站等创新平台，鼓励大中型企业与高校、科研机构联合共建研发机构，鼓励有条件的大企业建立产业技术研究院，并给予相应的资金和政策支持。

(6) 倡导绿色低碳、简约适度，推动形成绿色生活方式

生态环境问题的根源是资源过度开发、粗放利用和奢侈消费。常州市要积极弘扬绿色发展理念，倡导简约适度、绿色低碳的生活方式，反对奢侈浪费和不

合理消费。一是要倡导绿色生活理念，通过媒体报道、学校教育、制度引导等方式，积极宣传节约光荣、浪费可耻的观念，推动全社会形成绿色消费文化和生活方式。二是要倡导绿色消费行为。既要从消费端发力，推行“光盘行动”、禁止过度包装、限制一次性产品的使用等，又要影响并带动周围更多的人践行绿色理念、改变生活方式。另外，探索多样化的环保激励模式，对环保做出贡献的个人和集体予以奖励，共建美好家园。

1.5　本章小结

本章分析常州市能源利用和环境污染排放的现状，采用SBM对常州市历年的绿色经济效率进行测算，并分析常州市绿色经济效率的冗余度。研究发现，常州市工业用电量和综合能源消费量在研究期内总体呈上升趋势，但是单位GDP用电和单位GDP能耗均在不断下降；除工业固体废弃物排放量不断增长外，化学需氧量排放量、二氧化硫排放量、氮氧化物排放量均出现下降；常州市绿色经济效率呈现波动增长的趋势，均值为0.660，且低于不考虑资源环境因素的传统经济效率(0.922)；各项投入指标中劳动力投入冗余度最高，其次是能源投入冗余度，资本投入的冗余度最低，且劳动力和能源投入冗余度对资源冗余度的贡献最高。最后，提出提高常州市绿色经济效率的对策建议，如提高污染资金使用效率、增进区域合作与交流，加快产业结构优化、科学安排产业转移，优化能源消费结构、提高节能环保标准，提高外资引进水平、调整对外投资发展方式，拓展绿色产业链、加强人才培养与引进等。

专题研究 2

生产性服务业集聚对绿色经济效率的影响研究——以江苏省为例

随着生态文明建设和经济转型的迫切需求，中国经济增长的动力将由单纯依靠资本和劳动转变到追求绿色经济效率上来。绿色经济发展的理念也得到了广泛认可，为诸多地区经济转型和产业结构调整指明了方向。江苏省作为我国沿海发达地区之一，工业化和城镇化发展迅速，经济水平位居全国前列。经济的快速发展促进了江苏省综合实力的迅速提升，但是江苏省人均环境容量小，单位国土面积污染负荷高，生态环境问题也日益严重。传统的污染问题尚未得到有效解决，重金属、危险废物等新一代污染问题相继出现，经济发展与环境承载力之间的矛盾日益凸显，生态环境质量与居民需求之间的差距不断拉开。因此，资源环境问题仍是制约江苏经济发展的重要因素，加快提升绿色经济效率刻不容缓。

已有研究表明，提升绿色经济效率的重要途径之一就是产业转型升级[177]。生产性服务业具有绿色环保的产业发展特征，能够激发内需潜力、增加社会就业。各级政府相继出台竞争性的地方政策和发展规划，通过"退二进三"和"优二进三"等政策发展现代服务业。生产性服务业集聚具有高度的融合性、产业关联性以及要素资本密集性，是能够形成贯穿各价值链环节的现代服务业集群，如设计、生产、运输、售后等[178]，加快其发展是促进产业结构优化升级和经济高质量发展的重要举措。从要素的集聚效应来看，生产性服务业集聚在地理空间上呈现明显的外溢效应，不仅能增强行业自身的生产率，还能创造良好的产业综合发展环境[179]。因此，在新常态背景下，有效地测度江苏省生产性服务业集聚和绿色经济效率水平，是推动江苏省绿色经济发展的基础性工作，也是进一步提高江苏省绿色经济效率的重要前提。在此基础上从空间视角分析江苏省生产性服务业集聚对绿色经济效率的影响，并进一步讨论促进江苏省生产性服务业集聚提升绿色经济效率的举措，具有重要的理论意义和实践价值。

2.1　文献综述

（1）产业集聚研究

产业集聚是基于规模经济，可分为外部规模经济和内部规模经济。其中，外部规模经济与产业发展的规模和专业化的区域性集中有关，易产生空间上的集聚现象，形成经济效益，又称集聚经济；内部规模经济则是产生于企业内部，并作用于整个行业或区域。内部规模经济因与资源利用效率和管理效率有关而被重视；外部规模经济是由于大量相关企业存在，而伴随产生的劳动力市场、附属产业和专门化的服务性产业，对于经济增长同样重要。但是，随着集聚水平的增加，产业过度集聚也会造成集聚不经济，即由于经济活动过度集中导致成本增加或收益降低。可以看出，集聚经济能够促进产业集聚，而集聚不经济会对产业集聚产生阻碍作用。促进产业集聚的因素可分为两点：一是外部经济（外部性），包括 MAR 外部性、Jacobs 外部性和 Porter 外部性。Marshall[180] 指出，集聚在劳动力市场共享、中间投入品、技术外溢方面有助于经济增长。具体来说，企业在特定区域集中会形成一个劳动力市场的共享局面，从而降低了劳动者和企业的匹配成本，同时集聚的发展提升了对当地产业中间投入品的需求量，形成中间投入品市场，这种专业化供给又反过来提高当地产业的生产率，此外，集聚区内技术工人的交流有助于产生新技术和新理念。类似于 MAR 理论，Poter[181] 认为，区域竞争加速了企业对创新的追求和快速应用，因而外部经济主要来自大量相同产业的竞争和合作关系。Jacobs[182] 认为，知识扩散主要来自核心产业之外，因而地理相邻的产业多样化而非专业化促进创新和技术外溢。此外，Jacobs 和 Poter 均认为区域竞争促进了技术外溢；MAR 与 Poter 理论均认为技术外溢主要产生于产业内部，但前者倾向于区域垄断更优，后者倾向于区域竞争更优。二是产业关联效应。传统经济地理学认为，经济地理因素的差异促进产业集聚。但是这一结论不能解释所有的集聚现象，如在一些没有区域优势的地区形成产业集聚。因此，寻找对产业集聚现象的新解释推动了新经济地理理论的发展。新经济地理学基于规模经济和不完全竞争因素，提出规模经济和市场规模效应是形成产业集聚的主要原因。一个地区的产业集聚虽然可能导致本地区竞争加剧、利润降低，但是会形成以下效应：一是“前向联系”或“价格效应”。上下游的产业集聚能够减少中间投入品的在途损耗和运输成本。二是“后向联系”或“市场规模效应”。在厂商集聚过程中，市场规模扩张、产品种类增加，从邻近区域输入的产品相对较少，使得集聚区内的消费价格指数明显低于相邻地区。如果企业提供的名义工资相同,集聚区内较高的实际工资会吸引更多的劳动力流入,扩大了本地市场规模。此外,新经济地理不仅仅是根据资源和生产要素在空间上的不均匀分布来解释工业集聚。影响集聚的基础因素是交通成本、收益递增和人口迁移。首先,交通成本引导企业在靠近大规模产品市场的地区选址。其次,收益递增促进生产活动的空间集中,且本地市场扩张促进了利润的增长。最后,人口迁移会影响本地劳动资源和市场规模,进而影响厂商利润、加速厂商集聚。

(2) 生产性服务业集聚研究

目前关于生产性服务业集聚的研究主要包括以下几个方面:一是关于生产性服务业集聚的测度研究。如部分学者采用 LQ 指数、空间 Gini 系数、EG 指数等方法测度我国生产性服务业的区域集聚程度及差异度,发现生产性服务业的集聚效应存在区域不均衡性、时间波动性和行业差异性[183-188]。二是关于生产性服务业集聚的特征研究。部分学者认为中国生产性服务业的集聚特征在空间上存在显著的区域分异[189-192]。三是关于生产性服务业集聚的影响因素研究。如部分学者认为,信息技术水平、知识密集度、国有化程度、城市化、制造业集聚、高铁集聚、城市基础设施等因素对生产性服务业集聚产生显著影响[193-199]。四是生产性服务业集聚的机制研究。多数集聚理论均指出集聚的根本原因是获得外部经济[180-181]。因此,生产性服务业集聚的主要原因有:一是容易获得与生产发展相关的生产要素;二是构建集聚学习机制;三是由上下游产业间关联效应所形成的规模经济[200-203]。

(3) 生产性服务业集聚对经济效率的影响研究

从生产性服务业集聚视角探究绿色经济效率提升的研究主要集中在三个方面:一是理论延伸方面,学者们基于关联效应、内生增长理论、空间溢出等方面的研究均认为产业集聚对经济效率产生影响[204];二是实现机制方面,生产性服务业会通过优化投资环境、加速科技创新、促进分工细化等方式对经济效率产生作用[205-206];三是实证研究方面,部分学者采用区位熵、面板数据模型等方法,验证了生产性服务业集聚与经济效率的正相关关系,这种作用通过专业化分工、中间投入的规模经济、知识溢出等方式加以传递,且生产性服务业集聚模式选择对经济效率的影响具有显著差异[207-208]。自 Anselin[166] 提出"任何经济单元与相邻经济单元在空间上往往会存在某种关联,如果将各经济单元视为独立个体而忽视其间的空间关联将会导致研究结论出现偏误"之后,关于生产性服务业的空间计量研究大幅增加。一些学者通过空间计量经济学模型进行实证分析发现,生产性服务业在空间上具有集聚倾向和外溢效应。还有一些学者认为经济效率由于产业关联、要素流动而产生区域联动，进而探讨生产性服务业集聚对经济效率的空间溢出效应。

(4) 研究述评

综合来看，学者们对生产性服务业集聚影响经济增长及生产率的机制及效果存在不同看法，但多数学者认可了生产性服务业集聚的正向作用。然而，这些研究成果仍存在一些值得探讨之处：①随着我国经济从高速增长转向高质量发展阶段，探讨生产性服务业集聚与绿色经济效率之间的关系愈发重要，但是缺乏相关研究。②对生产性服务业集聚影响绿色经济效率的内在机制缺乏深入探讨，并且尚未足够重视生产性服务业集聚对绿色经济效率的空间外溢效应。③缺乏从省域角度分析生产性服务业集聚与绿色经济效率关系的研究。江苏省是以生产性服务业集聚化发展作为经济转型升级的主要载体，但是尚未有如何通过生产性服务业集聚来推动江苏经济绿色发展的研究。

2.2 影响机理与研究假设

随着市场对我国服务消费需求的快速增长，生产性服务业部门已从制造业部门中分离出来，逐渐取代传统工业成为城市经济增长的动力源泉[209-211]。同时，生产性服务业本身具有高技术、低能耗、低污染等特征，且具有更强的空间集聚效应。

外部性理论为解释绿色经济效率提升产业集聚的作用提供了理论基础。生产性服务业集聚有助于新技术的产生，新技术会促进经济的增长，反过来促进产业集聚[209]。生产性服务业集聚的技术外部性主要来自同一产业或多个产业的厂商的集中布局。Rivera-Batiz[208]认为，生产性服务业的专业化和劳动分工细化能够全面提升劳动生产率，同时，多样化的服务会增加消费者福利。无论是多样化还是专业化集聚，生产性服务业能够利用环保技术、人力资本积累和契约合作关系，并通过分享效应、学习效应和匹配效应的发挥，促进集聚区内形成良好的竞争环境和创新环境，进而为绿色经济效率提升提供技术支持。同时，生产性服务业集聚能够有效地加快企业间的技术合作和知识扩散，增强技术知识的"集体学习过程"在外部性形成中的作用，促使企业利用先进生产技术以提升资源利用率、减少污染物排放。此外，生产性服务业集聚还能够通过吸引高端人才集聚、加快生产要素积累等方式来提升绿色经济效率。具体来说，一方面生产性服务业通过吸引高端人才聚集，不仅能提高集聚区企业的技术创新水平，而且能形成高质量的"知识蓄水池"，进而提高生产效率、降低环境污染。另一方面，生产性服务业集聚有助于形成高质量的“劳动力蓄水池”，降低企业对高技术人才的筛选和培训成本，有助于企业快速获取所需人才。另外，生产性服务业具有知识和技术密集的特征，其空间集聚能够为制造业技术创新提高优质的外部环境。而制造业通过现代物流、信息技术等生产性服务业活动来替代传统能源消耗，并利用生产性中间投入所带来的先进技术和管理经验，促进自身价值链的不断攀升，从而加快清洁生产、发展循环经济。

传统集聚经济理论和新经济地理理论均认为，生产性服务业集聚能够通过产业关联形成规模经济效应，有助于下游厂商及时获取优质、多样化的产品，还能够有效降低其生产和运输成本，并加速下游厂商集聚；而下游厂商集聚反过来对生产性服务业产生更多需求，促进其进一步集聚。同时，生产性服务业能够通过降低服务成本实现内部规模经济，通过吸引优质资本提高企业生产效率，并通过整合资源实现生产要素优化配置，从而提高资源利用率、降低污染排放。此外，生产性服务业与制造业通过产业关联效应形成协同发展和集聚，并渗透到制造业发展的各个环节，充分发挥规模经济效应，进一步推动产业结构优化和污染减排。

综上，生产性服务业集聚对绿色经济效率增长的影响是一个系统工程，在这一过程中，生产性服务业集聚主要通过两种途径作用于绿色经济效率提升：一是增强同一生产性服务行业或不同行业间的技术交流，增强知识和技术溢出，推动集聚区内技术效率提升和污染减排；二是深化劳动分工，利用产业间需求关联获得规模经济效应，提高资源利用率、改善污染情况。基于此，本书提出假设 1：江苏省生产性服务业集聚通过规模经济效应和技术溢出效应推动绿色经济效率提升。

生产性服务业的供需同时来自本地和相邻地区，因而生产性服务业的集聚不仅会影响本地区绿色经济效率，而且可能通过空间溢出作用于相邻区域的绿色经济效率。首先，生产性服务业的集聚发展通过技术进步效应对相邻地区绿色经济效率产生促进作用。生产性服务业集聚中心区往往是信息中心和技术中心，在区域间频繁的贸易过程中，会促进技术、信息等资源向相邻地区迅速流动，从而推动创新知识的扩散，加快相邻区域技术进步和技术效率提升，有助于提高生产效率和节能减排效率。其次，生产性服务业的集聚发展通过产业结构优化对相邻地区绿色经济效率产生正向影响。生产性服务业集聚容易突破地理局限，使邻近地区生产性服务业从制造业中分离并以高技术、低成本的形式嵌入制造业价值链中，调整和优化制造业内部组织结构，使其向高质量、低污染的品牌建设和设计研发方向发展。在这一过程中，一方面能够显著降低传统生产制造业的比重，另一方面能够减少能源消耗、改善污染情况。最后，在空间互动日益密切的背景下，各地区受到产业集聚、交通运输发展、产业转移等经济机制的影响，绿色经济效率本身也可能表现出空间溢出效应，即本地区改善绿色经济效率的行为也会引导相邻地区在节能减排工作中采取类似行为，以致相邻地区间绿色经济效率出现协同共进的现象。基于此，本书提出假设 2：江苏省生产性服务业集聚通过技术进步效应、产业结构优化效应以及绿色发展中的示范效应对绿色经济效率产生空间溢出效应。

2.3　江苏省生产性服务业集聚与绿色经济效率分析

2.3.1　江苏省生产性服务业集聚水平分析

（1）生产性服务业集聚测度方法

基于于斌斌等（2014）[212]的做法，运用 RZ 指数和 RD 指数分别表示生产性服务业专业化和多样化的集聚度，其计算公式为：

$$RZ_i = \mathrm{Max}_j(S_{ji}/S_j) \tag{2.1}$$

$$RD_i = 1/\sum_j |S_{ji} - S_j| \tag{2.2}$$

其中，S_{ji} 表示 i 城市中生产性服务业 j 就业人数比重，S_j 表示所有生产性服务业 j 就业人数占总就业人数比重。结合我国城市分行业的就业统计口径，将“交通运输、仓储及邮电通信业”“租赁和商务服务业”“信息传输、计算机服务和软件业”“金融业”“房地产业”“批发和零售业”“科学研究和技术服务”7 个行业加总来表示生产性服务业。同时，由于各细分行业存在明显的异质性，可将生产性服务业分为高端和低端两类。高端生产性服务业具有知识和资本密集、市场辐射广、无需“面对面”频繁接触等特征；低端生产性服务业具有知识和资本分散、市场辐射弱、需“面对面”频繁接触等特征。高端生产性服务业包括“信息传输、计算机服务和软件业”“金融业”“房地产业”“科学研究和技术服务业”四个行业；低端生产性服务业包括“交通运输、仓储及邮电通信业”“租赁和商务服务业”“批发和零售业”三个行业。

（2）生产性服务业集聚测度分析

本研究选取江苏省 12 个地级及以上城市（无锡市因部分指标数据缺失严重，故剔除）数据为样本对生产性服务业集聚水平进行分析，数据主要来自 2012—2019 年《江苏省统计年鉴》以及各城市统计年鉴。图 2-1 和图 2-2 分别报告了江苏省 12 个地级市 2011—2018 年生产性服务业专业化和多样化集聚的样本均值及其变化趋势。

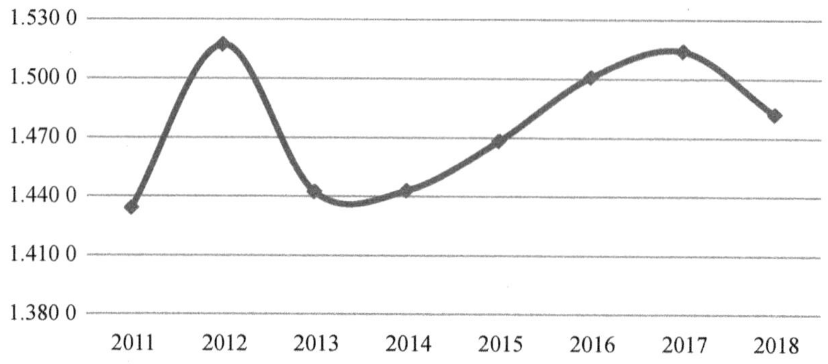

图 2-1　江苏省生产性服务业专业化集聚的变化趋势

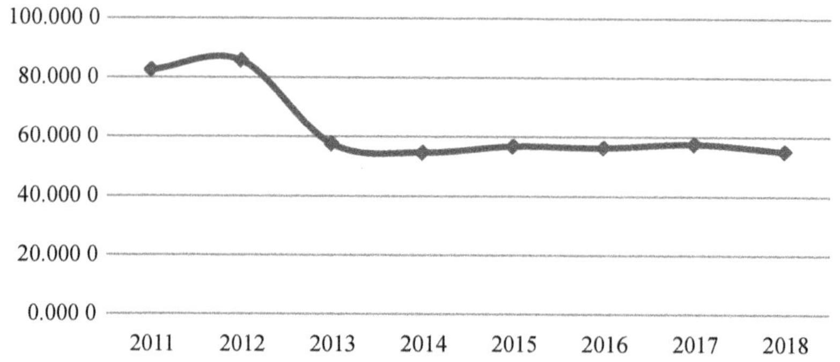

图 2-2　江苏省生产性服务业多样化集聚的变化趋势

从图 2-1 可以看出，研究期内江苏省生产性服务业专业化水平呈现上升趋势，并伴随一定的波动。近年来江苏省多数城市加快推进城镇化进程和产业结构调整步伐，发展以生产性服务业为重点的现代服务业，积极建设生产性服务业集聚区，推动发展与当地产业结构和经济增长相适应的生产性服务业。同时，江苏省部分城市不断加快技术含量高、服务质量高的知识密集型生产性服务业的发展，使得技术相似、联系密切的生产性服务行业在同一地区集聚，对生产性服务业专业化集聚水平的整体提升产生积极影响。总体上江苏省各城市通过建设适合当地发展环境的生产性服务业专业化集聚区，努力实现生产性服务业与当地制造业以及经济增长的协同发展。从图 2-2 可以看出，总体上江苏省生产性服务业多样化程度呈现先下降后平稳上升的变化趋势，拐点在 2013 年。2013 年以后多样化集聚水平增长放缓，可能的原因是部分城市生产性服务业在发展中存在盲目性，在出台相关政策时忽略了当地资源禀赋和产业状况，盲目开发建设，导致生产性服务业同构及其低水平重复建设等问题。与此同时，专业化集聚水平明显上升，说明在不同发展阶段，这两种集聚方式在加快经济增长和产业结构调整方面存在此消彼长的互补性关系。

进一步测算样本期间江苏省高端和低端生产性服务业集聚水平及变化趋势，结果见图 2-3 和图 2-4。从专业化集聚水平来看，江苏省高端生产性服务业要明显高于低端生产性服务业，且两者的差距总体保持稳定。这主要是由于高端生产性服务业具有生产效率高、经济效益大、跨区域服务便捷等特点，逐渐成为很多城市重点发展的产业。从时间趋势看，两种层级的专业化集聚水平均呈现缓慢下降的变动趋势，并伴随一定幅度的波动。从多样化集聚水平看，江苏省高端生产性服务业要低于低端生产性服务业。从时间趋势看，两种层级的多样化集聚水平总体上均呈先下降后上升的变化趋势。

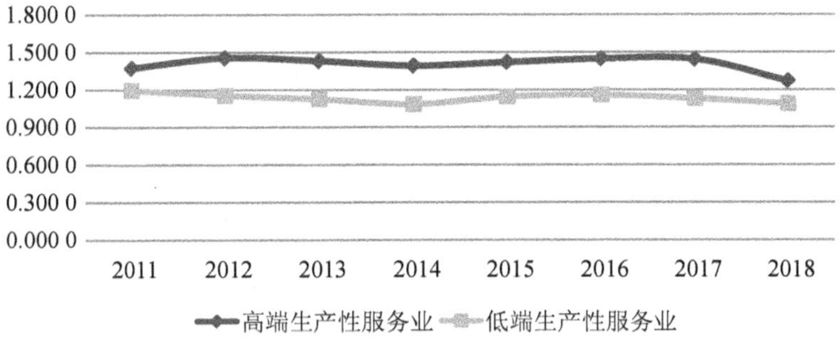

图 2-3 不同层级的生产性服务业专业化集聚

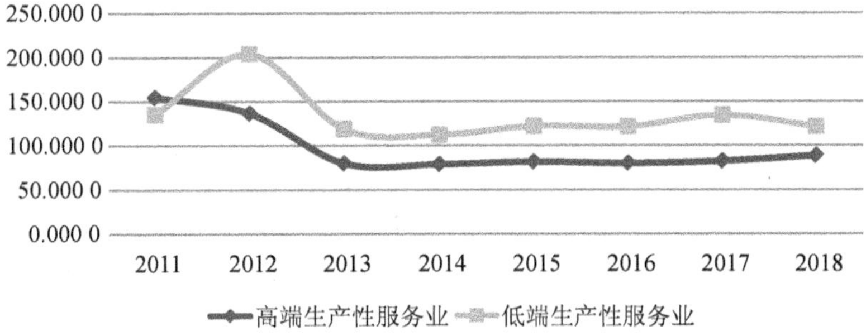

图 2-4 不同层级的生产性服务业多样化集聚

2.3.2 江苏省绿色经济效率水平分析

（1）变量及数据

绿色经济效率是衡量区域经济发展的绿色化程度，是对综合考虑资源利用和环境代价的区域经济发展质量的评估。借鉴国内关于绿色经济效率评价的研究成果，本书采用超效率 SBM 模型对江苏省绿色经济效率进行估算，具体指标选取如下：

1）投入指标。投入指标具体可分为非资源投入（劳动力和资本投入）和资源投入（能源投入）。其中，劳动力投入用年末从业人员数进行衡量；资本投入用资本存量度量，限于基础指标数据的缺失，用全社会固定资产投资总额衡量，并以 2011 年为基期进行缩胀处理。资源投入要素主要为能源，因此选用折算成标准煤的能源消费量衡量。

2）产出指标。产出指标分为期望产出、非期望产出。其中，期望产出代表绿色发展的期望成果，目前最常用、最直观反映产出水平的指标为国内生产总值（GDP），因而本书采用地区 GDP 作为绿色发展的期望产出衡量指标，并通过地区 GDP 指数进行折算。非期望产出指标衡量经济发展过程中对环境造成的破坏程度，过去采用单一的环境污染排放物作为衡量指标，并不能完全反映我国经济发展对自然生态环境所产生的影响，因而选用工业“三废”排放量数据，基于熵值法测算污染综合指数，代表绿色发展过程中的非期望产出。

本书以江苏省 12 个地级市（无锡因数据缺失严重，故剔除）为研究对象，时间跨度为 2011—2018 年。数据来自《江苏省统计年鉴》及各城市统计年鉴。

（2）江苏省城市绿色经济效率分析

运用考虑非期望产出的超效率 SBM 模型测算江苏省各城市历年的绿色经济效率值。为了对比，本书基于超效率 CCR 模型测算出不考虑资源投入与环境污染的传统经济效率值。江苏省绿色经济效率和传统经济效率均值及排名情况如表 2-1 所示。

表 2-1 江苏省各城市绿色经济效率与传统经济效率均值及排名

城市	传统经济效率	排名	绿色经济效率	排名
南京	0.979 8	2	1.116 7	3
徐州	0.584 8	9	0.873	7
常州	0.872 6	4	1.027 1	5
苏州	1.219	1	1.107 3	4

(续表)

城市	传统经济效率	排名	绿色经济效率	排名
南通	0.673 9	7	1.182 5	1
连云港	0.432	12	0.452 1	11
淮安	0.567 7	10	0.564 3	10
盐城	0.617 5	8	0.416 8	12
扬州	0.957 1	3	0.992 9	6
镇江	0.838 8	5	0.803 4	9
泰州	0.754 9	6	0.856 4	8
宿迁	0.497 5	11	1.142 7	2

由图 2-5 江苏省绿色经济效率和传统经济效率的均值趋势可以看出，在样本期间，①江苏省绿色经济效率值与传统经济效率值存在明显差异，这表明资源投入和环境污染指标的引入对江苏省绿色经济效率水平产生较大影响。②考虑资源投入和环境质量的绿色经济效率总体上呈现上升的趋势，其效率值由 2011 年的 0.764 6 上升到 2018 年的 0.976 1，增长了 27.66%；不考虑资源投入和环境质量的传统经济效率出现小幅下降的趋势，其效率值由 2011 年的 0.774 5 下降到 2016 年的 0.753 8，下降了 2.67%。这说明江苏省的绿色经济效率和传统经济效率都在波动中增长或降低，仍存在较大的提升和改善空间，且绿色经济效率波动的趋势说明江苏省的资源利用、环境保护与经济发展尚未实现协同共

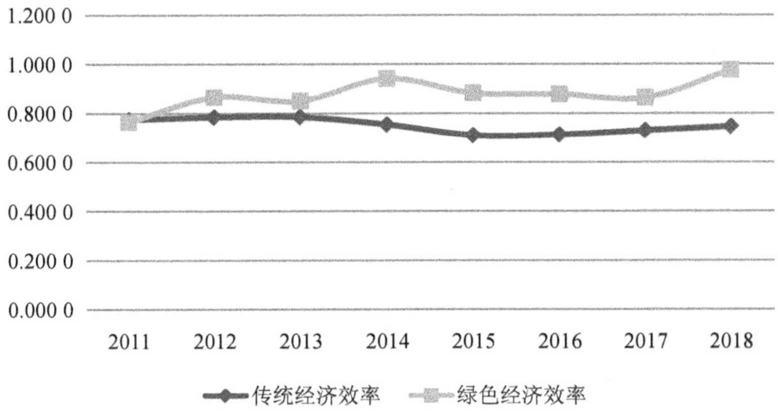

图 2-5　江苏省绿色经济效率和传统经济效率均值

进。③ 考虑资源和环境因素后的江苏省绿色经济效率均值为 0.877 9，且低于不考虑资源和环境因素后的传统经济效率均值(0.749 6)，这说明江苏省绿色经济效率和传统经济效率的总体水平均不高，都还有一定的发展潜力和提升空间。

根据表 2-1 可以发现，南通的绿色经济效率最高(1.182 5)，然后依次是宿迁(1.142 7)、南京(1.116 7)、苏州(1.107 3)、常州(1.027 1)，这 5 个城市达到了绿色经济效率的前沿面。其余 7 个城市与绿色经济效率前沿面存在不同程度的差距，其中盐城、连云港、淮安 3 个城市的绿色经济效率水平低于 0.6。总体来看，绿色经济效率高值城市主要分布在苏南区域，绿色经济效率低值城市主要分布在苏北区域。同时，南京、徐州、常州、南通、连云港、扬州、泰州和宿迁的绿色经济效率高于传统经济效率，表明绿色经济效率具有突出和强化高效率水平的能力。苏州、淮安、盐城、镇江的绿色经济效率低于传统经济效率，说明绿色经济效率具有突出和强化低效率水平的能力。其中，泰州、宿迁等人口密度小、环境压力小的城市绿色经济效率要高于传统经济效率，说明传统效率指标忽略了地区的资源禀赋与地理区位，仅仅关注“好产出”，使得测算出的效率值存在片面性。

(3) 苏南和苏北绿色经济效率分析

表 2-2 和图 2-6 分别为全省及各区域绿色经济效率均值及其演化趋势，可以看出整体上江苏省绿色经济效率呈现波动型上升趋势，这主要是由于江苏省在经济发展过程中逐渐重视环境污染问题，陆续出台一系列环境规制政策，从而有效降低经济增长的环境代价，绿色经济效率不断提升。同时，苏南和苏北的绿色经济效率演变趋势与全省的演变趋势基本一致。从苏南、苏北地区的绿色经济效率对比来看，研究期内苏南绿色经济效率均高于苏北地区。与苏北地区相比，苏南地区经济基础较好，资本深化程度较高，且制度环境较为完善，不仅可以在生产中促进优化资源配置和创新管理模式，而且通过开发新技术和新能源以解决环境污染问题。同时，随着江苏省产业结构在地理空间上的转变，部分污染密集型的产业向苏北转移，使其逐渐成为苏南和国际污染密集型产业转移的“污染避难所”，导致其绿色经济效率水平偏低。

表 2-2　2011—2018 年全省及各区域绿色经济效率均值

区域	2011	2012	2013	2014	2015	2016	2017	2018	均值
苏南	0.947 2	1.017 6	0.995 5	1.143 7	0.991 4	0.954 8	0.978 7	1.080 1	1.013 6
苏北	0.673 3	0.790 0	0.778 5	0.840 4	0.828 4	0.839 5	0.806 6	0.924 1	0.810 1
全省	0.764 6	0.865 8	0.850 9	0.941 5	0.882 7	0.877 9	0.863 9	0.976 1	0.877 9

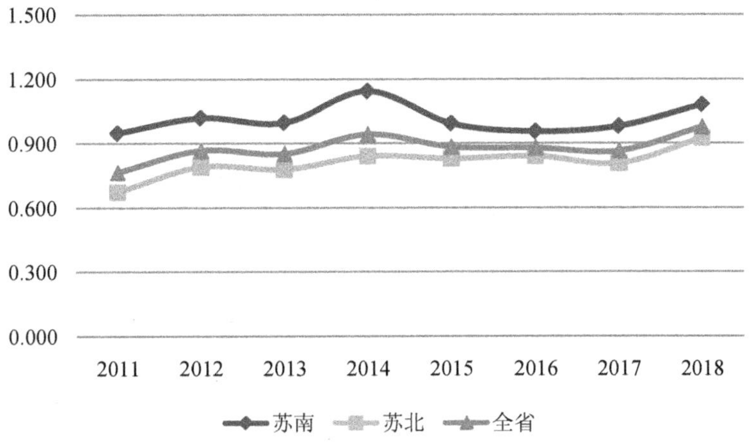

图 2-6　全省及苏南、苏北绿色经济效率演化趋势

2.4　江苏省生产性服务业集聚对绿色经济效率的影响研究

2.4.1　计量模型设定

根据经济理论和已有研究成果，在生产性服务业集聚影响绿色经济效率的过程中，加入经济发展水平、产业升级、外商直接投资、科技水平作为控制变量，从而构建如下面板计量模型：

$$\ln GEE_{it} = \alpha + \beta_1 \ln RZ_{it} + \beta_2 \ln RD_{it} + \gamma_1 \ln AGDP_{it} + \gamma_2 \ln IND_{it} + \gamma_3 \ln FDI_{it} + \gamma_4 \ln TEC_{it} + \mu_i + \nu_t + \varepsilon_{it} \tag{2.3}$$

其中，i 和 t 分别表示城市和年份；α 为常数项；绿色经济效率 GEE_{it} 为被解释变量，生产性服务业专业化集聚 RZ_{it} 和多样化集聚 RD_{it} 为核心解释变量，AGDP、IND、FDI 和 TEC 为控制变量；μ_i 和 γ_t 分别为个体和时间效应；ε_{it} 为随机扰动项。

2.4.2　变量选取与数据说明

本章中被解释变量为 GEE_{it}，解释变量为 RZ_{it} 和 RD_{it} 。此外，相关研究发现影响绿色经济效率的因素较多，为了减少研究结果的偏差，在模型中引入控制变量：1)经济发展水平(EDL)，本书用人均 GDP 指标来衡量；2)产业升级(IS)，用第三产业总产值与第二产业总产值的比值表示；3)外商直接投资(FDI)，用外商直接投资额占 GDP 的比重表示；4)技术进步(TA)，用 R&D 经费支出占 GDP

的比重表示。数据来自《江苏省统计年鉴》及各城市统计年鉴。对变量均做对数化处理以解决异方差问题。

2.4.3 面板数据模型估计与结果分析

在进行面板数据模型回归之前，需要判断模型的具体形式。同时，为了体现地区间的异质性，本书计量分析采用变截距模型。首先采用 F 检验和 Hausman 检验分别检验模型不具有固定效应和具有随机效应的两个原假设，发现 F 检验拒绝原假设，认为固定效应优于混合回归；Hausman 检验拒绝原假设，认为采用固定效应模型。表 2-3 的模型估计结果显示，个体固定效应、时点固定效应和双固定效应的 R^2 值分别为 0.7370、0.5509、0.7569，其中双固定效应模型拟合程度最高。因此，本书选取双固定效应面板数据模型最为合适。

表 2-3　参数估计结果

变量	Pooled OLS	个体固定效应	时点固定效应	双固定效应	个体随机效应
lnRZ	0.140 8	0.032 8***	0.277 2***	0.026 9***	0.039 6
lnRD	−0.108 2	0.005 9	0.032 7	0.054 5	−0.071 8
lnEDL	0.694 9***	0.433 1	1.049 0***	1.069 6***	0.575 2***
lnIS	0.948 2*	0.986 6	0.753 1	0.666 1**	1.070 2**
lnFDI	−0.232 8	−0.239 6*	−0.611 3***	−0.284 0**	−0.206 6*
lnTA	−0.024 5	−0.010 7	−0.006 6	−0.001 0	−0.020 5
Cons_	−8.479 6***	−6.088 3***	−14.269 0***	−13.463 2***	−7.315 5***
R^2	0.379 2	0.737 0	0.550 9	0.756 9	0.188 9
Obs	96	96	96	96	96

注：***、**、*分别表示通过 1%、5%、10%水平下的显著性检验，下同。

观察发现，生产性服务业专业化集聚的影响系数为 0.026 9，并通过 1%水平的显著性检验，表明江苏省生产性服务业专业化集聚对绿色经济效率产生明显的正向促进作用。生产性服务业多样化集聚的影响系数为 0.054 5，但是没有通过显著性检验，说明生产性服务业多样化集聚对城市绿色经济效率没有显著影响。其他控制变量的估计系数及意义如下：经济发展水平和产业升级对绿色经济效率的影响显著为正，表明加快经济发展和产业优化升级对绿色经济效率提升具有推动作用；技术进步对绿色经济效率的影响不显著，可能的原因是政府对科研资金用途监管的缺失。

表 2-4 中，高端生产性服务业专业化集聚的影响系数显著为正，表明江苏省高端生产性服务业专业化集聚对绿色经济效率产生明显的正向影响；高端生产性服务业多样化集聚的影响系数为正但不显著，表明江苏省高端生产性服务业多样化集聚对绿色经济效率的推动作用不明显。同时，无论是专业化还是多样化集聚，低端生产性服务业对绿色经济效率均未产生明显影响。此外，苏南地区生产性服务业不同集聚方式对绿色经济效率的影响均显著为正，说明苏南地区生产性服务业专业化集聚和多样化集聚均有助于绿色经济效率提升。苏北地区生产性服务业专业化和多样化集聚的影响系数均未通过显著性检验，表明苏北地区生产性服务业专业化和多样化集聚对绿色经济效率的影响不显著。

表 2-4　不同层级及区域的参数估计结果

变量	高端	低端	苏南	苏北
lnRZ	0.311 1***	0.112 0	0.380 3**	−0.276 5
lnRD	0.050 0	0.031 6	0.043 8*	−0.086 2
lnEDL	1.079 4***	0.957 3***	−0.300 1	1.051 4***
lnIS	0.576 7	0.227 8	2.957 3	−0.348 9
lnFDI	−0.507 0*	−0.704 7**	−0.321 5	−0.632 6*
lnTA	−0.004 5	−0.009 2	−0.025 7	−0.032 1
Cons	−13.870 3***	−13.708 0***	2.615 4***	−14.865 9***
R^2	0.561 1	0.498 3	0.489 7	0.538 6
Obs	96	96	32	64

2.5　江苏省生产性服务业集聚对绿色经济效率的空间效应研究

2.5.1　变量选取与数据说明

探究江苏省生产性服务业集聚对绿色经济效率空间效应所选取的被解释变量、解释变量及控制变量均与上文一致。

2.5.2　空间计量模型估计结果与分析

(1) 空间相关性分析

在构建空间计量模型前需检验变量的空间相关性，可采用全局空间自相关和局部空间自相关来分析。其中全局空间相关性采用全局 Moran's I 指数分析。空间权重矩阵分别选取：1）邻接权重矩阵 W^c 。若两个地区地理位置相邻，$W_{ij}^c=1,(i\neq j)$ ，否则，$W_{ij}^c=0,(i=j)$ 。2）地理距离权重矩阵 W^g 。矩阵中非对角线元素为两个地区直线距离的倒数。3）经济距离权重矩阵 W^e 。矩阵中非对角线元素为两个地区年人均 GDP 差值的绝对值的倒数。局部空间自相关主要用来分析观测值的空间自相关局部集聚特征，常用局部 Moran 指数来测量。此外，还可绘制绿色经济效率的 Moran 散点图，反映某一区域与邻近区域间的扩散或极化作用。

利用全局 Moran 指数对绿色经济效率进行空间相关性检验（限于篇幅，估计结果省略）。研究表明，在邻接空间权重下，研究期内绿色经济效率的全局 Moran 指数均大于 0，且通过显著性检验，说明江苏省城市绿色经济效率在空间分布上存在较为显著的空间正相关性。因此，江苏省城市绿色经济效率在空间分布上并不是随机的，而是表现出某些城市的绿色经济效率在空间上趋于聚集，即绿色经济效率高值城市与绿色经济效率高值城市相邻，绿色经济效率低值城市与绿色经济效率低值城市相邻。并进一步采用 Moran 散点图来验证这种空间分布格局（限于篇幅，计算结果省略）。历年的 Moran 散点图显示，大部分城市位于第一或第三象限，因而江苏省绿色经济效率所呈现的空间正相关性进一步被证实。此外，三种权重矩阵下的估计结果基本一致。

（2）空间计量回归结果与分析

根据空间计量经济学，不同地区的观测值之间相互影响，且其影响的程度与彼此间的距离具有相关性，这表明所观测的空间单元存在空间依赖性。对存在空间依赖性的数据可采用空间计量模型估计。最常用的是空间滞后模型（SLM）、空间误差模型（SEM）、空间杜宾模型（又称空间 Durbin 模型，简称 SDM）。其中 SLM 侧重考虑相邻地区被解释变量间的空间依赖性；SEM 侧重考虑扰动项之间的空间依赖性；SDM 则是 SLM 和 SEM 的一般形式。由于点估计结果不能代表解释变量的边际影响，可采用空间回归模型的偏微分方法将解释变量对被解释变量的影响分为直接效应和间接效应[173]。

本书首先对面板数据模型进行 OLS 估计，并运用 LM 检验判断使用 SLM 还是 SEM。结果表明，在三种空间权重矩阵中，LM 统计量及其稳健 LM 统计量检验均拒绝非空间模型而支持 SLM 和 SEM，则本书可直接使用一般意义的 SDM 模型进行估算。其次，采用 LR 检验法判断模型是否包含空间或时间固定效应，发现同时包含双固定效应。再次，对 SDM 进行 Hausman 检验，结果支持固定效应。最后，通过 Ward 检验判断 SDM 能否弱化为 SLM 或 SEM，结果表明选取 SDM 进行本书的模型估计是合适的。综上所述，本书采用最大似然估计法来估计双固定效应的 SDM，结果见表 2-5。

表 2-5　模型回归结果

	W^c	W^g	W^e
lnRZ	0.204 5	0.682 3***	0.201 9**
lnRD	0.167 5	0.250 6*	0.198 2*
lnEDL	0.769 7	1.453 4	1.521 5*
lnIS	−2.238 5***	−3.590 3***	−0.804 2*
lnFDI	−0.372 3***	−0.213 5*	−0.251 0**
lnTA	0.0199 8	0.061 0***	0.035 0
ρ	−0.375 5**	−1.061 0***	−0.581 8***
W * lnRZ	0.371 2	3.024 2***	0.703 7*
W * lnRD	0.571 3**	1.643 8**	0.810 8***
W * lnEDL	6.1805**	3.8058	0.406 2
W * lnIS	−3.922 6***	−14.994 1***	−4.000 2*
W * lnFDI	−0.171 2	−0.802 3	−0.042 1
W * lnTA	0.006 7	0.379 3***	0.116 6***
R^2	0.226 0	0.215 9	0.291 7
Log-L	20.603 8	24.223 6	26.147 0
Obs	96	96	96

可以看出，空间自回归系数 ρ 在 1%的水平上显著为正，表明江苏省绿色经济效率存在正向空间交互效应或关联效应，绿色经济效率较高的区域周围也必然聚集着绿色经济效率较高的区域。从拟合优度 R^2 和 Log-Likelihood 值(Log-L)来看，W^e 下的估计值最优，故下文重点关注 SDM 的经济距离权重矩阵估计结果。

(3) 直接效应与间接效应分析

本章根据上表中动态 SDM 的点估计结果进一步测算出生产性服务业集聚对绿色经济效率的直接效应与间接效应(表 2-6)。

表 2-6　空间效应分解结果

	变量	W^c	W^g	W^e
直接效应	lnRZ	0.179 9	0.494 0***	0.122 5**
	lnRD	0.113 0	0.129 6	0.099 0
	lnEDL	0.102 6	1.198 1	1.603 5*
	lnIS	−1.931 8**	−2.627 1***	−0.356 4**
	lnFDI	−0.368 4***	−0.164 3	−0.266 0**
	lnTA	0.021 4	0.035 4*	0.022 2
间接效应	lnRZ	0.2530	1.362 3**	0.457 9*
	lnRD	0.416 7*	0.780 3*	0.529 7***
	lnEDL	4.688 2*	1.083 6	−0.175 6
	lnIS	−2.498 7***	−6.434 2***	−2.670 3**
	lnFDI	−0.020 4	−0.326 3	0.074 6
	lnTA	0.002 7	0.190 8***	0.077 3**
总效应	lnRZ	0.432 9	1.856 2***	0.580 4*
	lnRD	0.529 7**	0.909 9*	0.628 7***
	lnEDL	4.790 8*	2.281 7	1.427 9*
	lnIS	−4.430 5***	−9.061 2***	−3.026 6**
	lnFDI	−0.388 8*	−0.490 6	−0.191 5*
	lnTA	0.024 1	0.226 1***	0.099 4***

观察发现，江苏省生产性服务业专业化集聚的直接与间接效应均显著为正，说明专业化集聚程度的增加对本市和相邻城市绿色经济效率均有明显的正面促进作用。生产性服务业同一行业内部的厂商集聚往往依托本地区的产业结构特征和比较优势，更易深化专业分工、促进精细化生产，有助于促进厂商间的交流与合作，这种技术溢出效应不仅能提升生产性服务业的生产率，还有助于改善当地投资环境，加快区域技术创新，进而从需求方面促进地区产业结构优化升级，并加强地区竞争优势培育，从供给方面推动经济可持续发展。同时，生产性服务业专业化和劳动分工的深化，为周边制造业发展提供优质的专业化中间服务，从而在与相邻城市制造业互动中形成明显的技术外部性和规模经济效应。江苏省生产性服务业多样化集聚的直接效应不显著，间接效应显著为正，说明生产性服务业多样化发展对本市绿色经济效率的促进作用不显著，但是显著促进了相邻

城市的绿色经济效率。近年来在国家对生产性服务业等现代服务业日益重视的背景下，地方政府盲目推进低端化、专业化的服务业发展，以期实现产业结构的高级化调整。但是往往背离当地资源禀赋和比较优势，造成恶性同质竞争和重复建设等问题，抑制了生产性服务业多样化发展。由于本市生产性服务业可能处于高质量的多样化状态，会与相邻城市制造业结构形成空间关联，因而易与相邻地区制造业发展需求相适应，通过投入产出关联形成协同效应，从而对邻近城市产生明显的正向溢出效应。上述结果基本验证了研究假设1和2。

控制变量中，经济发展的直接效应均显著为正，即经济发展水平的提升对本市绿色经济效率产生明显的促进作用。可能的原因是经济水平高的城市，不断加快转变发展方式，治污力度持续增强，从而有助于当地绿色经济效率的提升。经济发展水平的间接效应不显著，表明经济发展水平并未对邻近城市绿色经济效率产生明显影响。产业升级的直接效应显著为负，这意味着产业结构"服务化"对城市绿色经济效率具有明显的抑制作用，因而需要进一步发展第三产业，通过加快推进产业结构转型升级来提高城市绿色经济效率。产业升级的间接效应不显著，说明产业升级对相邻城市绿色经济效率并未产生明显的空间效应。外商直接投资的直接效应显著为负，说明FDI的增长对本市绿色经济效率产生显著的负向影响。长期以来，我国以较为低廉的要素成本嵌入全球价值链分工，且多数外商投资流入技术附加值较小的低端制造业，因而难以显著提升当地绿色经济效率水平。外商直接投资的间接效应不显著，表明FDI的增长没有明显影响周边城市的绿色经济效率。这可能是因为外商直接投资是一个地方现象，在地理空间上没有表现出明显的外溢效应，从而并未对周边区域产生积极的辐射作用。技术进步的直接效应不显著，间接效应显著为正，说明技术进步对本市绿色经济效率的影响不显著，但会促进相邻城市绿色经济效率的提升。当前，江苏省对技术进步的支持并未获得预定的效果，政府支持本身有利于技术创新活动，但对创新效率的促进作用并未真正显现出来。造成这一结果的原因可能是当地政府对研发资金用途监管的缺失，以及政府与企业在技术创新活动中的目标存在差异。而本市技术研发会对其他城市产生辐射带动作用，进而有利于邻近城市绿色经济效率的提升。

(4) 生产性服务业集聚空间效应的区域异质性和层级异质性分析

本书进一步分析不同层级生产性服务业集聚对绿色经济效率的空间效应。考虑到不同区域的空间关联特征和发展机遇存在较大差异，将江苏省地级城市分为苏南、苏北两大区域，以探究空间效应是否存在区域差异。估计结果见表2-7(经济距离权重矩阵)。

表 2-7　不同层级及区域的空间效应分解结果

		高端	低端	苏南	苏北
直接效应	lnRZ	0.042 9**	0.002 0	0.643 7***	−0.017 9
	lnRD	0.022 7	0.077 3	0.423 2*	−0.106 9
间接效应	lnRZ	0.398 2	0.150 8	0.354 5	0.263 2
	lnRD	0.395 4**	0.253 6**	0.284**	1.199 5***
总效应	lnRZ	0.441 1	0.152 8	0.998 2	0.245 3
	lnRD	0.418 1***	0.331 0***	0.707 2	1.092 6***

可以看出，高端生产性服务业专业化集聚的直接效应显著为正，间接效应不显著，表明江苏省高端的专业化集聚能有效促进本地区的绿色经济效率。高端生产性服务业具有技术和资本密集度高的特点，其专业化集聚有利于促进相同类型企业之间各种生产要素的协同利用，从而提升当地绿色经济效率。高端生产性服务业多样化集聚的直接效应不显著，间接效应显著为正，表明江苏省高端的多样化集聚对相邻城市产生明显的正向溢出效应。高端服务业的多样化发展能够加快城市间的知识溢出和产业跨区域合作，从而对相邻城市产生辐射带动作用。低端生产性服务业两种集聚方式的直接效应均未通过检验，这意味着低端的生产性服务业集聚对绿色经济效率的积极影响并未得到充分发挥，反映出江苏省低端生产性服务业的投入产出效率总体较低。造成这一现象主要是因为江苏省部分城市低端生产性服务业发展规模过大，且受到服务质量较低和市场空间狭小的双重影响，其供给出现相对过剩，供求不均衡抑制了绿色经济效率。同时部分城市尚未形成低端生产性服务业的规模效应，无法形成边际报酬递增。可见，江苏省部分城市低端生产性服务业集聚尚未达到或已经超出适度集聚范围，因而难以有效促进绿色经济效率的提升。低端生产性服务业多样化集聚的间接效应显著为正，其专业化集聚的间接效应不显著。低端生产性服务业集聚存在技术和资金门槛较低的特性，这些企业易与相邻城市在市场和生产要素方面展开合作，能够对相邻城市经济社会发展提供多样化和标准化的服务，使得低端多样化集聚发展能够较快发挥对相邻城市的正向溢出效应。

苏南生产性服务业专业化集聚的直接效应显著为正，间接效应不显著，其多样化集聚的直接和间接效应均显著为正，表明苏南生产性服务业不同集聚方式均能有效促进本地的绿色经济效率的提升，但是专业化集聚对相邻城市绿色经济效率的积极影响未得到有效发挥，多样化集聚对相邻城市绿色经济效率提升产生了积极推动作用。苏北生产性服务业专业化集聚的直接和间接效应均不显著，其多样化集聚的直接效应不显著，间接效应显著为正，表明苏北生产性服务业不同集聚方式均未能显著促进本地的绿色经济效率，同时专业化集聚没有明显促进相邻城市的绿色经济效率，多样化集聚显著促进相邻城市的绿色经济效率。可见，研究期内江苏省生产性服务业不同集聚方式促进绿色经济效率提升的积极影响主要产生于苏南地区，而苏北生产性服务业集聚的积极影响受到抑制，这可能与部分地区有较为严重的地方保护主义和基础设施落后造成的地区间协同发展机制不完善有关。

2.6 推进江苏省生产性服务业集聚良性发展的对策建议

江苏省要加快绿色发展的进程，需要立足本省实际情况，严格落实相关环节政策制度，借助绿色发展理念引领经济升级转型，形成节约资源和保护环境的产业结构、空间格局、生产方式和生活方式，全面推进经济高质量发展。作者结合江苏省经济社会实际发展现状，提出以下对策建议：

（1）加强服务业优化升级，创造区域合作有利条件

在新一轮的供给侧结构改革中，江苏省各城市不仅要根据当地产业结构发展适宜的生产性服务业，而且要统筹考虑与相邻城市产业结构变动之间的相互作用与协作关系。在制定和实施产业政策时，地方政府要注重生产性服务业内部结构的优化升级，科学处理地方政府间在生产性服务业发展中的盲目模仿和恶性竞争，为其多样化集聚与跨区域合作创造有利条件。同时，加强生产性服务业专业化集聚与本地及相邻地区制造业间基于投入产出的垂直关联效应，促使专业化集聚的技术外部性和规模经济效应能够充分发挥。此外，充分发挥区域间的空间关联效应，打破行政层级壁垒和地方保护主义，构建城市间协同发展机制。

（2）着力实施创新驱动发展战略，增强生产性服务业知识溢出

生产性服务业要以高质量发展要求和新发展理念为指导，依据国家高质量发展战略部署和布局，把握绿色经济发展的关键点。在保证效益提升基本稳定的前提下，促使创新成为驱动生产性服务业效益提升的内生动力，以质量效益提升为目标导向，不断优化要素结构，持续探索生产性服务业高质量发展新模式。此外，要改善知识溢出的渠道和方式，从而充分发挥生产性服务业集聚规模效应和溢出效应。一方面，生产性服务业要建立内部科技创新体系与创新成果转化机制，对创新人才、创新资本等创新要素结构进行优化，应建立多层次的人力资源开发体系，重视培养与生产性服务业有关的研发创意人才和专门技术人才；另

一方面，企业要积极构建生产性服务业外部创新合作机制，发挥开放式协同创新优势。支持建立工程中心、技术中心和实验室等科创平台，并构建以科技中介机构为核心的科技服务体系，摆脱科技研发与生产活动脱离的局面。

（3）促进生产性服务业发展模式合理转换，科学选择生产性服务业集聚模式

江苏省各城市要根据产业结构的特征和调整方向，注重生产性服务业发展模式的有序平稳转换。对于处在工业化发展阶段的城市，第二产业的辐射带动作用远大于服务业，不能盲目采取“退二进三”策略，否则会加剧摩擦性、结构性失业的产生，抑制地方经济的可持续发展。应根据城市职能分工、战略定位、产业结构和要素禀赋制定生产性服务业发展战略，选择适宜的生产性服务业集聚模式。针对处于价值链和技术链升级的城市，要有序实施生产性服务业从专业化向多样化发展模式的转变，并建立有效的劳动力转移预警机制以提升资源利用效率和配置能力，推动地方经济绿色健康发展。此外，引导企业良性竞争和合作，防止同质化恶性竞争，并建立有效的劳动力转移预警机制以提升资源利用效率和配置能力，推动地方经济绿色健康发展。

（4）制定区域服务业发展规划，推动服务业分区域差异化发展

不同城市应根据自身经济发展制定相应的生产性服务业发展规划，推进不同城市之间和城市内部生产性服务业多样化和专业化的战略分工。苏南地区要侧重生产性服务业的多样化发展，建立综合性、多样性的生产性服务中心，加快发展高端生产性服务业，并合理分散能耗高、效率低的低端生产性服务业。苏北地区城市应加快提升承接产业转移的层次，促进工业体系优化升级，推进产业结构向高级化方向发展，形成一批配套设施完善的生产性服务业园区和基地，以加大对高端化生产性服务业的需求，并充分发挥生产性服务业集聚对本地和相邻地区绿色经济效率的促进作用。同时，苏北地区城市应结合主导工业的核心需求，重点建设一批低端生产性服务业集聚区，并以服务业工业发展为导向，利用人力、资本和科技资源等促进当地特色生产性服务业的专业化发展，并深化垂直分工和产业链延伸，形成优势互补、错位分工、区域联动的生产性服务业发展格局。

（5）不断提高生产性服务业运转效率，增强高质量社会责任管理

江苏省各城市生产性服务业要积极推进新技术、新材料的开发和利用，拓展信息化应用的深度和广度，进一步推动生产要素和生产模式升级，全面提高生产性服务企业智能化水平，不断提升资源利用效率和配置能力。并且持续深化对外开放合作，吸取经验、更新理念，加快融入全球产业价值链中。同时，政府部门

积极倡导企业承担社会责任，对社会贡献突出的生产性服务业企业进行激励。生产性服务业企业要将社会责任、员工权益纳入企业高质量发展规划，并且贯穿于整个生产经营活动中。此外，生产性服务业要制定长久性社会责任公约，将企业高质量发展与社会共享深度融合，塑造良好的企业形象。

(6) 推动生产性服务企业与下游企业融合，深化上下游企业分工协作

生产性服务业和制造业间存在较强的关联性，制造业的需求能够推动生产性服务业集聚发展，而生产性服务业集聚发展能够加速制造业向高端化、智能化和低碳化转型。江苏省各城市要科学规划生产性服务业和制造业互动发展的运行体系，着重加强两者之间的关系互动融合。在地理空间上，加快制造业集聚区周边的生产性服务业发展，建立生产性服务业与制造业双重集聚的产业园区。同时，要促进生产性服务业与上下游关联产业的互动，增加农业、工业和其他服务业中间投入品的比重。如建立以科技物流运输、产品销售、信贷保障为主体的现代农村生产服务体系；构建战略性新兴产业所需的生产性服务业配套，实现产业协同发展。

2.7 本章小结

绿色经济发展的关键在于提高绿色经济效率，即转变发展动能，实现经济的高质量发展。首先，本书系统分析生产性服务业集聚对绿色经济效率的作用机理；其次，测度分析江苏省生产性服务业专业化和多样化集聚水平及其趋势，对比集聚水平在不同层级生产性服务业中的差异性，并测度江苏省城市绿色经济效率水平，对比分析苏南和苏北地区的绿色经济效率水平；然后，采用面板数据模型估计江苏省生产性服务业不同集聚方式对绿色经济效率的影响，比较该影响在不同层级及区域中的差异，并采用空间计量模型探讨江苏省生产性服务业不同集聚方式对绿色经济效率的空间效应，分析集聚空间效应的层级和区域差异。研究结果表明：(1) 江苏省生产性服务业专业化集聚水平呈上升趋势，其多样化集聚水平呈先下降后上升的趋势。同时，江苏省高端生产性服务业专业化集聚水平要高于多样化集聚水平，且均在波动中缓慢下降；低端生产性服务业专业化集聚水平要低于多样化集聚水平，且均呈先降后升的趋势。(2) 江苏省绿色经济效率水平总体呈上升趋势。南通、宿迁、南京、苏州、常州 5 个城市均达到绿色经济效率的前沿面，其余城市均与绿色经济效率前沿面存在不同程度的差距。区域绿色经济效率水平中苏南地区要高于苏北地区，且苏南和苏北绿色经济效率的变化趋势总体上与全省的变化趋势一致。(3) 江苏省生产性服务业专

业化集聚对绿色经济效率产生正向促进作用,其多样化集聚对绿色经济效率的影响不显著。分层级来看,江苏省高端生产性服务业专业化集聚显著促进绿色经济效率,其多样化集聚对绿色经济效率的促进作用不显著;低端生产性服务业不同集聚方式对绿色经济效率均没有产生显著影响。分区域来看,苏南生产性服务业不同集聚方式均明显促进绿色经济效率提升,苏北生产性服务业不同集聚方式对绿色经济效率的影响均不显著。(4)江苏省生产性服务业专业化集聚明显促进本市和相邻城市的绿色经济效率提升,其多样化集聚仅对相邻城市绿色经济效率具有明显的正向空间溢出效应。分层级来看,江苏省高端生产性服务业专业化集聚对本市绿色经济效率的影响显著为正,低端生产性服务业专业化集聚对本市的影响不显著,且不同层级生产性服务业的专业化集聚对邻近城市的影响均不显著,其多样化集聚对邻近城市均产生正向溢出效应。分区域来看,苏南生产性服务业专业化和多样化集聚均有助于本地绿色经济效率提升,其中多样化集聚还对相邻城市具有明显的正向溢出效应;苏北生产性服务业不同集聚方式对本地绿色经济效率的影响均不显著,其中多样化集聚对相邻地区产生明显的正向溢出效应。(5)提出通过加强生产性服务业优化升级、科学选择生产性服务业集聚模式、推动区域生产性服务业差异化发展、完善生产性服务业政策体系等建议,以推进江苏省生产性服务业集聚良性发展、实现绿色经济效率整体提升。

参考文献

[1] 唐晓斌,王亚男,唐孝文. 中国省域经济高质量发展评价研究[J]. 科研管理,2020,41(11):44-55.

[2] 叶振宇. 劳动力成本上涨、劳动力"三大变革"与中国制造业企业退出[J]. 经济学动态,2021(4):54-67.

[3] 金碚. 关于"高质量发展"的经济学研究[J]. 中国工业经济,2018(4):5-18.

[4] 郭玲玲. 中国绿色增长程度评价及实现路径研究[D]. 大连:大连理工大学,2016.

[5] 潘兴侠. 我国区域生态效率评价、影响因素及收敛性研究[D]. 南昌:南昌大学,2014.

[6] 中华人民共和国国家统计局. 中国统计年鉴[M]. 北京:中国统计出版社,1999-2020.

[7] 石敏俊,等. 中国绿色经济转型的轨迹——2005~2010 年经济增长的资源环境成本[M]. 北京:科学出版社,2014.

[8] 吴翔. 中国绿色经济效率与绿色全要素生产率分析[D]. 武汉:华中科技大学,2014:1-134.

[9] 陈真玲. 生态效率、城镇化与空间溢出——基于空间面板杜宾模型的研究[J]. 管理评论,2016,28(11):66-74.

[10] 李周. 环境与生态经济学研究的进展[J]. 浙江社会科学,2002(1):28-45.

[11] 严茂超. 生态经济学新论:理论、方法与应用[M]. 北京:中国致公出版社,2001.

[12] 王仁文. 基于绿色经济的区域创新生态系统研究[D]. 合肥:中国科学技术大学,2014.

[13] 任保平. 中国经济高质量发展研究[J]. 陕西师范大学学报(哲学社会科

学版),2018,47(3):104.

[14] 宋国恺. 新时代高质量发展的社会学研究[J]. 中国特色社会主义研究,2018(5):60-68.

[15] 陈昭,陈钊泳,谭伟杰. 数字经济促进经济高质量发展的机制分析及其效应[J]. 广东财经大学学报,2022,37(3):4-20.

[16] 马茹,罗晖,王宏伟,等. 中国区域经济高质量发展评价指标体系及测度研究[J]. 中国软科学,2019(7):60-67.

[17] 刘思明,张世瑾,朱惠东. 国家创新驱动力测度及其经济高质量发展效应研究[J]. 数量经济技术经济研究,2019,36(4):3-23.

[18] 余泳泽,杨晓章,张少辉. 中国经济由高速增长向高质量发展的时空转换特征研究[J]. 数量经济技术经济研究,2019,36(6):3-21.

[19] 张军扩,侯永志,刘培林,等. 高质量发展的目标要求和战略路径[J]. 管理世界,2019,35(7):1-7.

[20] 刘亚雪,田成诗,程立燕. 世界经济高质量发展水平的测度及比较[J]. 经济学家,2020(5):69-78.

[21] 陈景华,陈姚,陈敏敏. 中国经济高质量发展水平、区域差异及分布动态演进[J]. 数量经济技术经济研究,2020,37(12):108-126.

[22] 刘瑞,郭涛. 高质量发展指数的构建及应用——兼评东北经济高质量发展[J]. 东北大学学报(社会科学版),2020,22(1):31-39.

[23] 魏敏,李书昊. 新时代中国经济高质量发展水平的测度研究[J]. 数量经济技术经济研究,2018,35(11):3-20.

[24] 徐盈之,童皓月. 金融包容性、资本效率与经济高质量发展[J]. 宏观质量研究,2019,7(2):114-130.

[25] 李金昌,史龙梅,徐蔼婷. 高质量发展评价指标体系探讨[J]. 统计研究,2019,36(1):4-14.

[26] 师博,樊思聪. 中国省际经济高质量发展潜力测度及分析[J]. 东南学术,2020(4):169-179.

[27] 杜爱国. 中国经济高质量发展的制度逻辑与前景展望[J]. 学习与实践,2018(7):5-13.

[28] 杨志安,邱国庆. 财政分权与中国经济高质量发展关系——基于地区发展与民生指数视角[J]. 财政研究,2019(8):27-36.

[29] 廖祖君,王理. 城市蔓延与区域经济高质量发展——基于 DMSP/OLS 夜间灯光数据的研究[J]. 财经科学,2019(6):106-119.

[30] 李强,朱宝清. 投资水平与经济高质量发展:挤出效应真的存在吗?[J]. 财经科学,2019(11):39-53.

[31] 方敏,杨胜刚,周建军,等. 高质量发展背景下长江经济带产业集聚创新发展路径研究[J]. 中国软科学,2019(5):137-150.

[32] 陈昌兵. 新时代我国经济高质量发展动力转换研究[J]. 上海经济研究,2018(5):16-24+41.

[33] 黄勇. 亚太国家须着力构建绿色经济[N]. 中国环境报,2006-5-10.

[34] 邹进泰,熊维明. 绿色经济[M]. 太原:山西经济出版社,2003.

[35] 严行方. 绿色经济[M]. 北京:中华工商联合出版社,2008.

[36] 剧宇宏. 中国绿色经济发展的机制与制度研究[D]. 武汉:武汉理工大学,2009.

[37] 于银州. 绿色经济与新农村建设[M]. 沈阳:辽宁教育出版社,2010.

[38] 张叶,张国云. 绿色经济[M]. 北京:中国林业出版社,2010.

[39] 杨天宗,季铸. 绿色经济[M]. 成都:四川大学出版社,2012.

[40] 张哲强. 绿色经济与绿色发展[M]. 北京:中国金融出版社,2012.

[41] 柯水发. 绿色经济理论与实务[M]. 北京:中国农业出版社,2013.

[42] 盛馥来,诸大建. 绿色经济 联合国视野中的理论、方法与案例[M]. 北京:中国财政经济出版社,2015.

[43] 向书坚,郑瑞坤. 绿色经济核算[M]. 北京:中国环境科学出版社,2016.

[44] 曹东,赵学涛,杨威杉. 中国绿色经济发展和机制政策创新研究[J]. 中国人口·资源与环境,2012,22(5):48-54.

[45] 朱婧,孙新章,刘学敏,等. 中国绿色经济战略研究[J]. 中国人口·资源与环境,2012,22(4):7-12.

[46] 李正图. 中国发展绿色经济新探索的总体思路[J]. 中国人口·资源与环境,2013,23(4):11-17.

[47] 刘忠超. 省域生态文明建设的理论及实践研究[M]. 北京:经济科学出版社,2018.

[48] 彭斯震,孙新章. 中国发展绿色经济的主要挑战和战略对策研究[J]. 中国人口·资源与环境,2014,24(3):1-4.

[49] 郑德凤,臧正,孙才志,等. 基于生态系统服务理论的中国绿色经济转型预测分析[J]. 生态学报,2014,34(23):7137-7147.

[50] 曾婧婧,童文思. 能源政策如何作用工业绿色经济发展[J]. 中国人口·资源与环境,2018,28(12):19-28.

[51] 帕瓦达瓦蒂尼·桑达拉彦,纳格拉彦·维崴克,范连颖. 绿色金融助推印度绿色经济可持续发展[J]. 经济社会体制比较,2016(6):51-61.

[52] 黄渊基,熊曦,郑毅. 生态文明建设背景下的湖南省绿色经济发展战略[J]. 湖南大学学报(社会科学版),2020,34(1):75-82.

[53] 赵德森,窦垚,张建民. 营商环境与绿色经济增长——基于企业家精神的中介效应与遮掩效应[J]. 经济问题探索,2021(2):66-77.

[54] Woodward R T, Bishop R C. Efficiency, sustainability and global warming [J]. Ecological Economics, 1995, 14(2): 101-111.

[55] Golove W H, Schipper L J. Restraining carbon emissions: measuring energy use and efficiency in the USA [J]. Ecological Policy, 1997, 25(7-9): 803-812.

[56] Kumar S. Environmentally sensitive productivity growth: A global analysis using Malmquist-Luenberger index[J]. Ecological Economics, 2006, 56(2): 280-293.

[57] Tang Q S, Guo X W, Sun Y, et al. Ecological conversion efficiency and its influencers in twelve species of fish in the Yellow Sea Ecosystem [J]. Journal of Marine System, 2007, 67(3-4): 282-291.

[58] Ricardo M O. Govermance of international trade for the green economy [J]. Review of Policy Research, 2011, 28(5): 479-488.

[59] Wapner P. Civil society and the emergent green economy [J]. Review of Policy Research, 2011, 28(5): 525-530.

[60] Halkos G E, Tzeremes N G. Economic growth and environmental efficiency: Evidence from US regions [J]. Economics Letters, 2013, 120(1): 48-52.

[61] Wang K, Wei Y M. China's regional industrial energy efficiency and carbon emissions abatement costs [J]. Applied Energy, 2014, 130(1): 617-631.

[62] Song M L, Wang S H. DEA decomposition of China's environmental efficiency based on search algorithm [J]. Applied Mathematics and Computation, 2014, 247(C): 562-572.

[63] Yao X, Zhou H C, Zhang A Z, et al. Regional energy efficiency, carbon emission performance and technology gaps in China: A meta-frontier non-radial directional distance function analysis [J]. Energy Policy,

2015, 84: 142-154.

[64] Tao X P, Wang P, Zhu B Z. Provincial green economic efficiency of China: A non-separable input-output SBM approach [J]. Applied Energy, 2016, 171: 58-66.

[65] Liao H, Du Y F, Huang Z M, et al. Measuring energy economic efficiency: a mathematical programming approach [J]. Applied Energy, 2016, 179: 479-487.

[66] Iftikhar Y, He W J, Wang Z H. Energy and CO_2 emissions efficiency of major economies: A non-parametric analysis [J]. Journal of Cleaner Production, 2016, 139: 779-787.

[67] Han B L, Ouyang Z Y, Wang W J. The relationship between regional industrial organizing levels and ecological economic efficiency [J]. Journal of Cleaner Production, 2018, 171(pt. 2): 857-866.

[68] Xie H L, Chen Q R, Wang W, et al. Analyzing the green efficiency of arable land use in China [J]. Technological Forecasting and Social Change, 2018,133(Aug.):15-28.

[69] Ren W H, Ji J Y, Chen L, et al. Evaluation of China's marine economic efficiency under environmental constraints-an empirical analysis of China's eleven coastal regions [J]. Journal of Cleaner Production, 2018, 184(MAY 20): 806-814.

[70] 杨龙,胡晓珍. 基于DEA的中国绿色经济效率地区差异与收敛分析[J]. 经济学家,2010 (2): 46-54.

[71] 汪克亮,杨力,程云鹤. 异质性生产技术下中国区域绿色经济效率研究[J]. 财经研究,2013,39(4): 57-58.

[72] 钱争鸣,刘晓晨. 我国绿色经济效率的区域差异及收敛性研究[J]. 厦门大学学报(哲学社会科学版),2014 (1): 110-118.

[73] 王军,耿建. 中国绿色经济效率的测算及实证分析[J]. 经济问题,2014 (4): 52-55.

[74] 钱争鸣,刘晓晨. 环境管制与绿色经济效率[J]. 统计研究,2015,32(7): 12-18.

[75] 于伟,张鹏. 城市化进程、空间溢出与绿色经济效率增长——基于2002—2012年省域单元的空间计量研究[J]. 经济问题探索,2016(1): 77-82.

[76] 王亚平,程钰,任建兰. 城镇化对绿色经济效率的影响[J]. 城市问题,

2017(8)：59-66.
[77] 林晓，徐伟，杨凡，等. 东北老工业基地绿色经济效率的时空演变及影响机制——以辽宁省为例[J]. 经济地理，2017，37(5)：125-132.
[78] 叶仁道，张勇，罗堃. 中国绿色经济效率的测算及影响因素——基于偏正态面板数据模型[J]. 技术经济，2017，36(11)：79-85.
[79] 任阳军，汪传旭. 中国城镇化对区域绿色经济效率影响的实证研究[J]. 技术经济，2017，36(12)：72-78+98.
[80] 刘耀彬，袁华锡，王喆. 文化产业集聚对绿色经济效率的影响——基于动态面板模型的实证分析[J]. 资源科学，2017，39(4)：747-755.
[81] 施本植，许宁，刘明，等. 金融集聚对城市绿色经济效率的影响及作用渠道——基于中国249个地级以上城市的实证分析[J]，技术经济，2018，37(8)：87-95.
[82] 任阳军，汪传旭，张素庸，等. 高技术产业集聚、空间溢出与绿色经济效率——基于中国省域数据的动态空间杜宾模型[J]. 系统工程，2019，37(1)：24-34.
[83] 方杏村，田淑英，王晓玲. 财政分权、产业集聚与绿色经济效率——基于270个地级及以上城市面板数据的实证分析[J]. 经济问题探索，2019(11)：164-172.
[84] 胡绪华，陈默. 生产性服务业集聚、房价上涨与地区绿色经济效率提升——基于中国大中型城市数据的实证分析[J]. 南京审计大学学报，2020，17(1)：82-92.
[85] 王竹君，魏婕，任保平. 异质型环境规制背景下双向FDI对绿色经济效率的影响[J]. 财贸研究，2020，31(3)：1-16.
[86] 沙依甫加玛丽·肉孜，邓峰. 人力资本集聚促进绿色经济效率的非线性影响[J]. 社会科学家，2020(8)：96-102.
[87] 曹靖，张文忠. 不同时期城市创新投入对绿色经济效率的影响——以粤港澳大湾区为例[J]. 地理研究，2020，39(9)：1987-1999.
[88] 宋晓玲，李金叶. 双向FDI协调发展是否促进了绿色经济效率增长——基于技术创新视角[J]. 国际商务(对外经济贸易大学学报)，2021(2)：126-140.
[89] 周鹏飞，沈洋，朱晓龙. 制造业产业集聚对城市绿色经济效率的影响：机理、测度与路径[J]. 城市发展研究，2021，28(3)：92-99.
[90] 盛科荣，王丽萍，孙威. 网络权力、知识溢出对中国城市绿色经济效率的

影响[J]. 资源科学,2021,43(8):1509-1521.
[91] 李金林,陈立泰,刘梅. 互联网发展对中国区域绿色经济效率的影响[J]. 中国人口·资源与环境,2021,31(10):149-157.
[92] 赵林,曹乃刚,韩增林,等. 中国绿色经济效率空间关联网络演变特征及影响因素[J]. 资源科学,2021,43(10):1933-1946.
[93] 张平淡,屠西伟. 制造业集聚对绿色经济效率的双边影响[J]. 经济理论与经济管理,2021,41(11):35-53.
[94] 弓媛媛. 环境规制对中国绿色经济效率的影响——基于30个省份的面板数据的分析[J]. 城市问题,2018(8):68-78.
[95] 尹庆民,顾玉铃. 环境规制对绿色经济效率影响的门槛模型分析——基于产业结构的交互效应[J]. 工业技术经济,2020,39(8):141-147.
[96] 张英浩,陈江龙,程钰. 环境规制对中国区域绿色经济效率的影响机理研究——基于超效率模型和空间面板计量模型实证分析[J]. 长江流域资源与环境,2018,27(11):2407-2418.
[97] 宋德勇,邓捷,弓媛媛. 我国环境规制对绿色经济效率的影响分析[J]. 学习与实践,2017 (3):23-33
[98] 方齐云,许文静. 新型城镇化建设对绿色经济效率影响的时空效应分析[J]. 经济问题探索,2017 (10):64-72.
[99] 鹿新华. 我国商业银行效率测度及影响因素研究[D]. 成都:西南财经大学,2014.
[100] 罗文. 互联网产业创新系统及其效率评价研究[D]. 北京:北京交通大学,2014.
[101] Farrell M. The measurement of productive efficiency[J]. Journal of the Royal Statistical Society, 1957(120):253-281.
[102] 焦英俊. 中国高新技术产业技术效率空间溢出效应研究[D]. 长春:吉林大学,2020.
[103] 彭亚星. 我国基本公共服务财政支出绩效研究——以义务教育为例[D]. 北京:中共中央党校,2020.
[104] 萨缪尔森. 经济学(第 14 版)[M]. 北京:首都经济贸易大学出版社,1998.
[105] 钱争鸣,刘晓晨. 资源环境约束下绿色经济效率的空间演化模式[J]. 吉林大学社会科学学报,2014,54(5):31-39+171-172.
[106] 郝晓辉. 可持续发展指标体系初探[J]. 世界环境,1996(1):11-13.

[107] 许晓峰，李富强，孟斌. 资源资产化管理与可持续发展[M]. 北京：社会科学文献出版社，1999.

[108] Kummer H. On the value of social relationships to nonhuman primates: a heuristic scheme[J]. Social Science Information, 1978(17): 687-705.

[108] Clark W C, Munn R E, Conway G R. Sustainable development of the biosphere[J]. Environment: Science and Policy for Sustainable Development, 1978, 29(9): 25-27.

[110] Brown B E. Worldwide death of corals—natural cyclical events or man-made pollution? [J]. Marine Pollution Bulletin, 1987, 18(1): 9-13.

[111] 贲克平. 全国资源、环境与经济发展研讨会综述[J]. 中国人口·资源与环境，1995(1): 93-95.

[112] Barbier E B. The concept of sustainable economic development[J]. Environmental Conservation, 1987, 14(2): 101-110.

[113] Costanta R, Maxwell T. Spatial ecosystem modeling using parallel processors[J]. Ecological Modeling, 1991, 58(1): 159-183.

[114] Brundland. Our common future[R]. Tokyo: The World Commission on environment and development, 1987.

[115] Conway G R. The properties of agroecosystems[J]. Agricultural Systems, 1987, 24(2): 95-117.

[116] Costanza R. What is ecological economics? [J]. Ecological Economics, 1989(1): 1-7.

[117] Daly H E, Jacobs M, Skolimowski H. Discussion of Beckerman's critique of sustainable development[J]. Environmental Values, 1995, 4(1): 49-70.

[118] Boulding K E. Economic analysis [M]. New York: Harper & Row, 1966.

[119] Stokey N L. Are there limits to growth? [J]. International Economic Review, 1998, 39(1): 1-31.

[120] Grossman G. Economic growth and the environment[J]. Quarterly Journal of Economic, 1995, 110(2): 353-377.

[121] Panayotou T. Economic growth and the environment[J]. Economic Survey of Europe, 2003: 2.

[122] 屈小娥. 1990-2009年中国省际环境污染综合评价[J]. 中国人口·资源

与环境,2012,22(5):158-163.
[123] 王维国,夏艳青. 辽宁省经济增长与环境污染水平关系研究[J]. 社会科学辑刊,2007(1):103-107.
[124] 王西琴,何芬,张兵. 丽江市经济发展与环境污染水平的关系[J]. 地理研究,2010,29(5):927-934.
[125] 夏艳青. 中国环境与经济增长的定量分析[D]. 大连:东北财经大学,2010.
[126] 计志英,毛杰,赖小峰. FDI规模对我国环境污染的影响效应研究——基于30个省级面板数据模型的实证检验[J]. 世界经济研究,2015(3):59-64+128.
[127] 薛钢,潘孝珍. 财政分权对中国环境污染影响程度的实证分析[J]. 中国人口.资源与环境,2012,22(1):78.
[128] 王姗姗,屈小娥. 对外贸易、外商直接投资与中国环境污染的实证分析[J]. 大连理工大学学报(社会科学版),2012,33(1):25-39.
[129] 刘钻石,张娟. 国际贸易对发展中国家环境污染影响的动态模型分析[J]. 经济科学,2011(3):79-92.
[130] 高峰. 中国省际环境污染的空间差异和环境规制研究[D]. 兰州:兰州大学,2015.
[131] 王耀东. 中国的环境污染与政府干预[J]. 财经问题研究,2016(2):3-11.
[132] 于文超,高楠,查建平. 政绩诉求、政府干预与地区环境污染——基于中国城市数据的实证分析[J]. 中国经济问题,2015(5):35-45.
[133] 孙克,徐忠民,宋晓谕,等. 辽宁省经济增长与环境污染水平关系研究[J]. 生态学报,2017,37(8):2590.
[134] 黄孟藩. 决策概论[M]. 杭州:浙江教育出版社,1989.
[135] 林齐宁. 决策分析[M]. 北京:北京邮电大学出版社,2003.
[136] 左菲菲. 合肥市新型城镇化发展水平测度研究[D]. 合肥:安徽大学,2015.
[137] 李丹. 建筑工程绿色施工评价体系构建研究 [D]. 北京:北京交通大学,2015.
[138] 许祎航. 基于熵值法与功效系数法的太龙药业财务风险预警研究[D]. 长沙:湖南大学,2014 .
[139] 张卫民. 基于熵值法的城市可持续发展评价模型[J]. 厦门大学学报(哲

学社会科学版),2004 (2): 109-115.

[140] 李雪铭,晋培育. 中国城市人居环境质量特征与时空差异分析[J]. 地理科学,2012,32(5): 521-529.

[141] 李宗燕. 我国新能源上市公司融资效率评价研究[D]. 北京: 中国地质大学,2014.

[142] 王富喜,毛爱华,李赫龙,等. 基于熵值法的山东省城镇化质量测度与空间差异分析[J]. 地理科学,2013,33(11): 1323-1329.

[143] 陈海峰. 基于AHP-熵值法的税源风险评估研究[D]. 厦门: 厦门大学,2014.

[144] 潘霄. 基于AHP和熵值法的中小医药企业灰色综合信用评价[D]. 四川:电子科技大学,2013.

[145] Timmer, C. P. Using a probabilistic frontier production function to measure technical efficiency[J]. Journal of Political Economy,1971,79(4):776-794.

[146] Charnes A, Cooper W W, Rhodnes E. Measuring the efficiency of decision making units [J]. European Journal of Operational Research, 1978, 2(6): 429-444.

[147] 成刚. 数据包络分析方法与MaxDEA软件[M]. 北京: 知识产权出版社,2014.

[148] Banker R D, Charnes A, Cooper W W. Some models for estimating technical and scale inefficiencies in data envelopment analysis[J]. Management Science,1984,30(9):1078-1092.

[149] Cooper W W, Seiford L M, Tone K. Data Envelopment Analysis (Second Edition) [M]. Boston: Kluwer Academic Publishers, 2006.

[150] Hailu A, Veeman T S. Non-parametric productivity analysis with undersirable outputs: An application to the Canadian pulp and paper industry [J]. American Journal of Agricultural Economics, 2001, 83(3): 605-616.

[151] Fare R, Grosskopf S, Pasurkajr C. Environmental production functions and environmental directional distance functions [J]. Energy, 2007, 32(7): 1055-1056.

[152] Seiford L M, Zhu J. Modeling undesirable factors in efficiency evaluation [J]. European Journal of Operational Research, 2002, 142(1): 16.

[153] Fare R, Grosskopf S, Lovell C, et al. Multilateral productivity comparisons when some outputs are undesirable: a nonparametrix approach [J]. The review of economic and statistics, 1989, 71(1): 90-98.

[154] Tone K. A slacks-based measure of efficiency in Data Envelopment Analysis[J]. European Journal of Operational Research, 2001, 130(3): 429-444.

[155] 胡彪,付业腾. 中国生态效率测度与空间差异实证——基于 SBM 模型与空间自相关性的分析[J]. 干旱区资源与环境,2016,30(6): 6-12.

[156] 李博,张文忠,余建辉. 考虑环境约束的中国资源型城市全要素能源效率及其差异研究[J]. 自然资源学报,2016,31(3): 377-389.

[157] 尹传斌,朱方明,邓玲. 西部大开发十五年环境效率评价及其影响因素分析[J]. 中国人口・资源与环境,2017,27(3): 82-89.

[158] 李征. 中国区域全要素生产率演变研究[D]. 长春: 吉林大学,2016.

[159] 杨顺元. 经济增长中效率测度的参数与非参数方法比较研究[D]. 天津: 天津大学,2008.

[160] 张铮燕. 考虑碳排放的我国建筑业全生命周期能源效率研究[D]. 天津: 天津大学,2016.

[161] Malmquist S. Index numbers and indifference surfaces [J]. Trabajos de Estadistica, 1953, 4(2): 209-242.

[162] Caves D W, Christensen L R, Diewert W E. The economic theory of index numbers and the measurement of input, output and productivity [J]. Econometrica: Journal of the Econometric Society, 1982, 50(6): 1393-1414.

[163] Fare R, Grosskopf S, Lindgren B, et al. Productivity changes in Swedish pharamacies 1980 - 1989: A non-parametric Malmquist approach [M]. Netherlands: Springer, 1992.

[164] Fare R, Grosskopf S, Norris M, et al. Productivity growth, technical progress,and efficiency change in industrialized countries [J]. American Economic Review, 1994, 84(1): 66-83.

[165] Anselin L, Bera A. Spatial dependence in linear regression models with an introduction to spatial econometrics [J]. Statistics Textbooks and Monographs, 1998, 155: 237-290.

[166] Anselin L. Spatial econometrics: methods and models [J]. Journal of

the American Statistical Association，1990,85(411):160.
[167] Anselin L，Le Gallo J. Interpolation of air quality measures in hedonic house price models：Spatial aspects [J]. Spatial Economic Analysis，2006，1(1)：31-52.
[168] 李子奈，叶阿忠. 高级应用计量经济学[M]. 北京：清华大学出版社，2012.
[169] 赵良仕. 中国省际水资源利用效率测度、收敛机制与空间溢出效应研究[D]. 沈阳：辽宁师范大学，2014.
[170] 叶阿忠，吴继贵，陈生明，等. 空间计量经济学[M]. 厦门：厦门大学出版社，2015.
[171] 孙才志，刘玉玉，陈丽新，等. 基于基尼系数和锡尔指数的中国水足迹强度时空差异变化格局[J]. 生态学报，2010，30(5)：1312-1321.
[172] 范斐，张建清，杨刚强，等. 环境约束下区域科技资源配置效率的空间溢出效应研究[J]. 中国软科学，2016(4)：73-74.
[173] LeSage J，Pace R K. Introduction to spatial econometrics [M]. New York：CRC Press，2009.
[174] Beer C，Riedl A. Modelling spatial externalities in panel data [J]. Regional Science，2012，91(2)：299-318.
[175] Elhorst J P. Spatial panel data models(C). In handbook of applied spatial analysis by Fischer M M. and Getis A [M]. Berlin：Springer，2010.
[176] 钱争鸣，刘晓晨. 中国绿色经济效率的区域差异与影响因素分析[J]. 中国人口·资源与环境，2013，23(7)：104-109.
[177] 王兵，唐文狮，吴延瑞，等. 城镇化提高中国绿色发展效率了吗？[J]. 经济评论，2014(4)：38-49+107.
[178] 文丰安. 生产性服务业集聚、空间溢出与质量型经济增长——基于中国285个城市的实证研究[J]. 产业经济研究，2018(6)：36-49.
[179] 陈建军，陈国亮，黄洁. 新经济地理学视角下的生产性服务业集聚及其影响因素研究——来自中国222个城市的经验数据[J]. 管理世界，2009(4)：83-95.
[180] Marshall A. Principles of economics[M]. London：Macmillan and Co. Ltd，1920.
[181] Porter M E. The competitive advantage of nations[M]. New York：

Free Press，1990.
[182] Jacobs J. The economy of cities[J]. New York：Vintage，1969.
[183] 张勇. 生产性服务业空间集聚的实证研究[D]. 沈阳：辽宁大学，2012.
[184] 邓桂枝. 生产性服务业区域集聚测度及其适宜性研究——基于我国 22 个省市面板数据的分析[J]. 经济问题，2012(7)：46-50.
[185] 邱灵，方创琳. 北京市生产性服务业空间集聚综合测度[J]. 地理研究，2013，32(1)：99-110.
[186] 丁静秋. 中部六省生产性服务业集聚水平测度及影响因素研究[D]. 太原：中北大学，2013.
[187] 陈晓峰. 长三角生产性服务业集聚的水平测度与效率评价——兼以金融业为例的实证分析[J]. 2014，33(2)：59-67.
[188] 张旺，申玉铭. 京津冀都市圈生产性服务业空间集聚特征[J]. 地理科学进展，2012，31(6)：742-749.
[189] 丁正山，王毅，尚正永，等. 乡镇生产性服务业空间集聚特征研究——以江苏省常熟市为例[J]. 地理科学，2014，34(8)：938-945.
[190] 李佳洺，孙铁山，张文忠. 中国生产性服务业空间集聚特征与模式研究——基于地级市的实证分析[J]. 地理科学，2014，34(4)：385-393.
[191] 王鹏，魏超巍. 城市群生产性服务业的空间集聚特征——以珠三角城市群为例[J]. 城市问题，2016(8)：14-22+57.
[192] 陈红霞，贾舒雯. 中国三大城市群生产性服务业的集聚特征比较[J]. 城市发展研究，2017，24(10)：104-110.
[193] 盛龙，陆根尧. 中国生产性服务业集聚及其影响因素研究——基于行业和地区层面的分析[J]. 南开经济研究，2013(5)：115-129.
[194] 蔡程媛. 中心城市生产性服务业集聚及其影响因素研究[D]. 广州：暨南大学，2014.
[195] 杨扬. 中国生产性服务业集聚的区域差异及其影响因素研究[D]. 南京：东南大学，2017.
[196] 刘昆. 高速铁路对沿线城市生产性服务业集聚影响研究——以京广高铁为例[D]. 北京：北京交通大学，2018.
[197] 张家榕. 城市基础设施建设对生产性服务业集聚的影响研究[D]. 长沙：湖南大学，2018.
[198] 郭胜鹏. 中国生产性服务业集聚及其影响因素的研究[D]. 长春：吉林大学，2019.

[199] 田欣禾. 城市化对生产性服务业集聚的影响研究[D]. 兰州：兰州大学,2019.

[200] Illeris S. Producer services：the key sector for future economic development[J]. Entrepreneurship & Regional development，1989,1(3)：267-274.

[201] Senn L. Services activities' urban hierarchy and cumulative growth[J]. The Service Industries Journal，1993,13(2)：11-22.

[202] Keeble D，Nacham L. Why do business service firms cluster? Small consultancies，clustering and decentrralisation in [R]. Cambridge，2001.

[203] Rolf S. Producer services，transaction activities，and cities：rethinking occupational categories in economic geography[J]. European Planning Studies，2002,10(6)：723-743.

[204] Markusen J R. Trade in producer services and in other specialized intermediate inputs[J]. American Economic Review，1989，79(1)：85-95.

[205] Eswaran M，Kotwal A. The role of the service sector in the process of industrialization[J]. Journal of Development Economics，2002，68(2)：401-420.

[206] Aslesen H W，Isaksen A. New perspectives on knowledge-intensive services and innovation[J]. Geografiska Annaler:Series B，Human Geography，2007，89(1)：45-48.

[207] Wood P. Urban development and knowledge-intensive business services：Too many unanswered questions? [J]. Growth & Change，2006，37(3)：335-361.

[208] Rivera-Batiz F. Increasing returns，monopolistic competition and agglomeration economies in consumption and production[J]. Regional Science and Urban Economics，1988，18(1)：125-153.

[209] Noyelle T. J，Stanback T. M. The economic transformation ofAmerican cities[M]. Totawa：Rowman & Allanheld，1984.

[210] Hansda S K. Sustainability of services-led growth：An input-output analysis of Indian economy[R]. RBI Occasional Working Paper，2001(22)：1-3.

[211] Banga R. Critical issues in India's service-led growth[R]. ICRIER Working Paper, 2005, 171.

[212] 于斌斌,金刚. 中国城市结构调整与模式选择的空间溢出效应[J]. 中国工业经济,2014(2): 31-44.

后　记

本书是在本人博士论文《中国绿色经济效率及其空间溢出效应研究》基础上修改而成的，并得到2021年度国家社科基金后期资助项目“数字经济赋能制造业高质量发展与产业化实现研究”（编号：21FJYB047）和中央高校基本科研业务专项（编号：B210207018）的支持。改革开放以来，中国经济发展的主要动力在于重工业发展以及大规模的基础设施建设，这种粗放型的经济发展模式在带来举世瞩目的经济成就的同时，也令我国付出了沉重的资源环境代价。当前，中国的资源耗竭和环境恶化问题已成为社会经济发展面临的巨大威胁，在资源、环境的双重约束下如何实现经济持续、健康发展，已成为我国在未来较长时期内的一项艰巨挑战。因此，发展绿色经济，对于转变经济增长方式、实现经济高质量发展具有重要的理论和现实意义。绿色经济发展的关键在于提升绿色经济效率，也就是提高经济增长的质量。在中国由高速增长阶段转向高质量发展的背景下，寻找提升绿色经济效率的空间，特别是深入探究绿色经济效率改善的主要影响因素，已成为摆在中国政府面前的重要难题，也是社会科学研究工作者亟待攻克的重大课题。

近五年来，作者及课题组成员一直致力于产业经济与绿色发展方面的研究工作，尤其是对绿色经济效率以及绿色全要素生产率的测度研究。作者于2016年开始撰写产业经济与绿色发展方面的相关论文，包括《中国城镇化对区域绿色经济效率影响的实证研究》《中国绿色经济效率的区域差异及空间溢出效应研究》《高技术产业集聚、空间溢出与绿色经济效率——基于中国省域数据的动态空间杜宾模型》《中国区域绿色全要素生产率的空间溢出效应研究》《产业集聚对中国绿色全要素生产率的影响》等，分别发表在《产经评论》《软科学》《系统工程》《技术经济》《统计与决策》等核心期刊上。并在这之后，先后主持了江苏省高校自然科学研究面上项目“生产性服务业集聚对绿色经济效率的影响机理与实证研究”（项目号：20KJB630015）、江苏省高校哲学社会科学研究项目“江苏生产性服务业集聚对绿色经济效率的影响研究”（项目号：2020SJA1278）。基于这些论